マンガと図解でしっかりわかる

# はじめてのNISA&iDeCo

成美堂出版

# お金を増やす方法を知りたい！

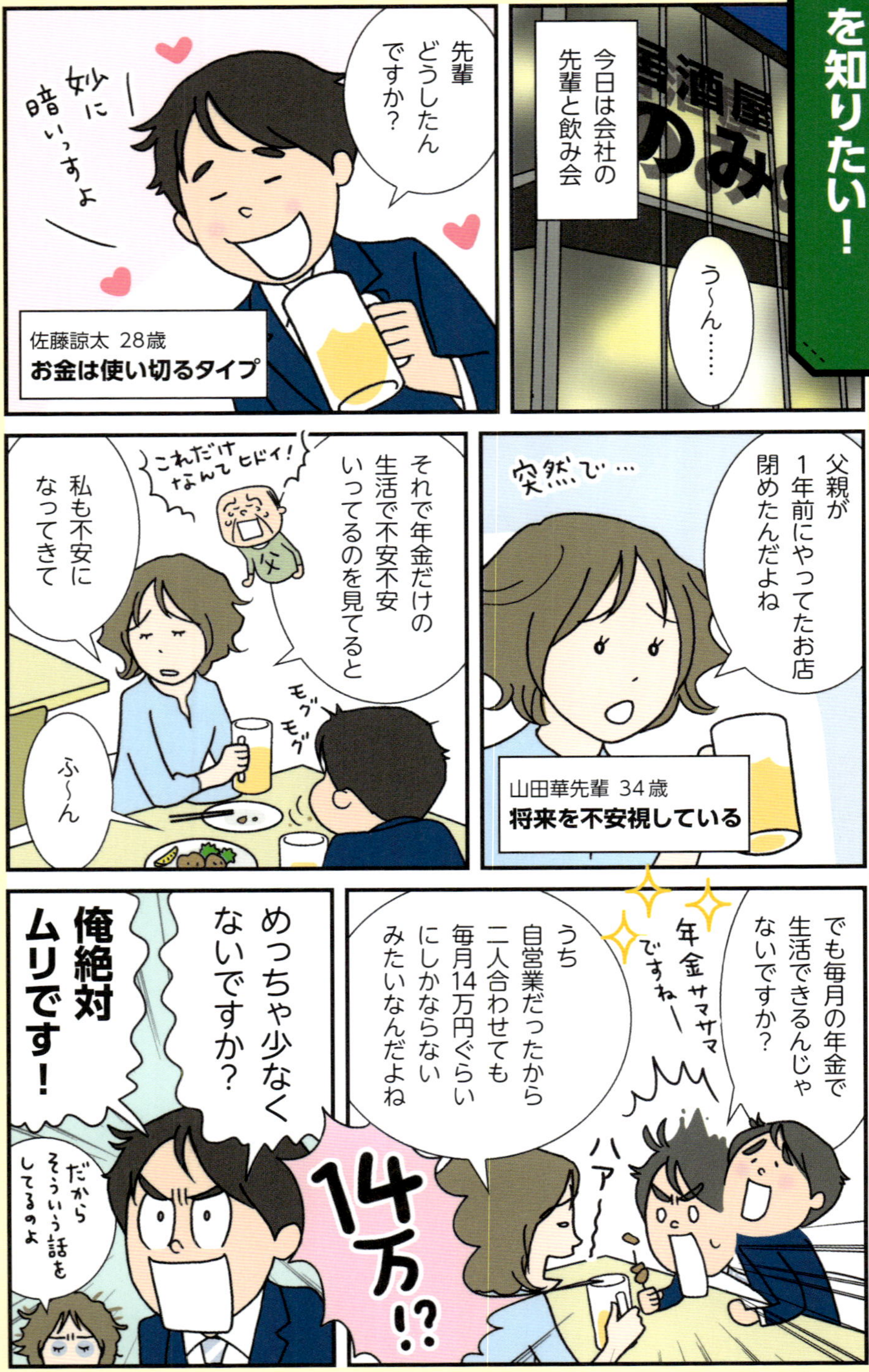

それに 実家も古くなってきたからリフォームしたいんだけど
そうすると貯金の大半を使うことになるっていってて……
イヤ～
ああああ～～
それって先輩も援助する感じなんですか？
モグモグモグ
それはいわれてないけど……
なんか大変ですね……
あっビールおかわり
私の旦那もフリーで仕事しているから同じぐらいの年金額かって思うと将来大丈夫かなって考えちゃってね
夫
フリーライター
まーー
なんとかなりますよ！今から頑張って貯金すればいいでしょ！
佐藤君は能天気でいいね……
若いね……
若いだけだけど…
ほめても何も出ませんよ
まぁ俺は 将来有名YouTuberとして活躍して億万長者になってるはずなので
ふふっ
はいー！？
俺ゲーム動画とか配信してるんですよ！まだ登録者数10人ですけど！
サインほしいなら今のうちですよ
ヒヒヒヒヒ

お待たせしました!
遅れてすみません
田中香 27歳
マイナス思考
あれ? どうしたんですか?
遠い目…
イエーイ
先輩が将来のお金についてグチグチ悩んでるの! 心配したってしょうがないのに!
辛い老後生活おくりたくないじゃん! はぁ お金の心配がいらない暮らしがしたい……
俺と一緒にYouTubeやります?
やらない!
香ちゃんはしっかりしてるから毎月ちゃんと貯金してそう
う〜ん
一応毎月3万円は貯金しようとは思ってるんですけど
マジでっ
俺は毎月余ったぶんが貯金だよ! 今いくらあるかわかんないけど!
記帳するの忘れてて
無視
でも65歳まで毎月3万円貯金する前提でも結局1400万円くらいにしかならないんですよね
あーそうかー
通帳
現在27歳
退職時の年齢:65歳
退職までの年数:38年
38年×12カ月×3万円
=13,680,000円

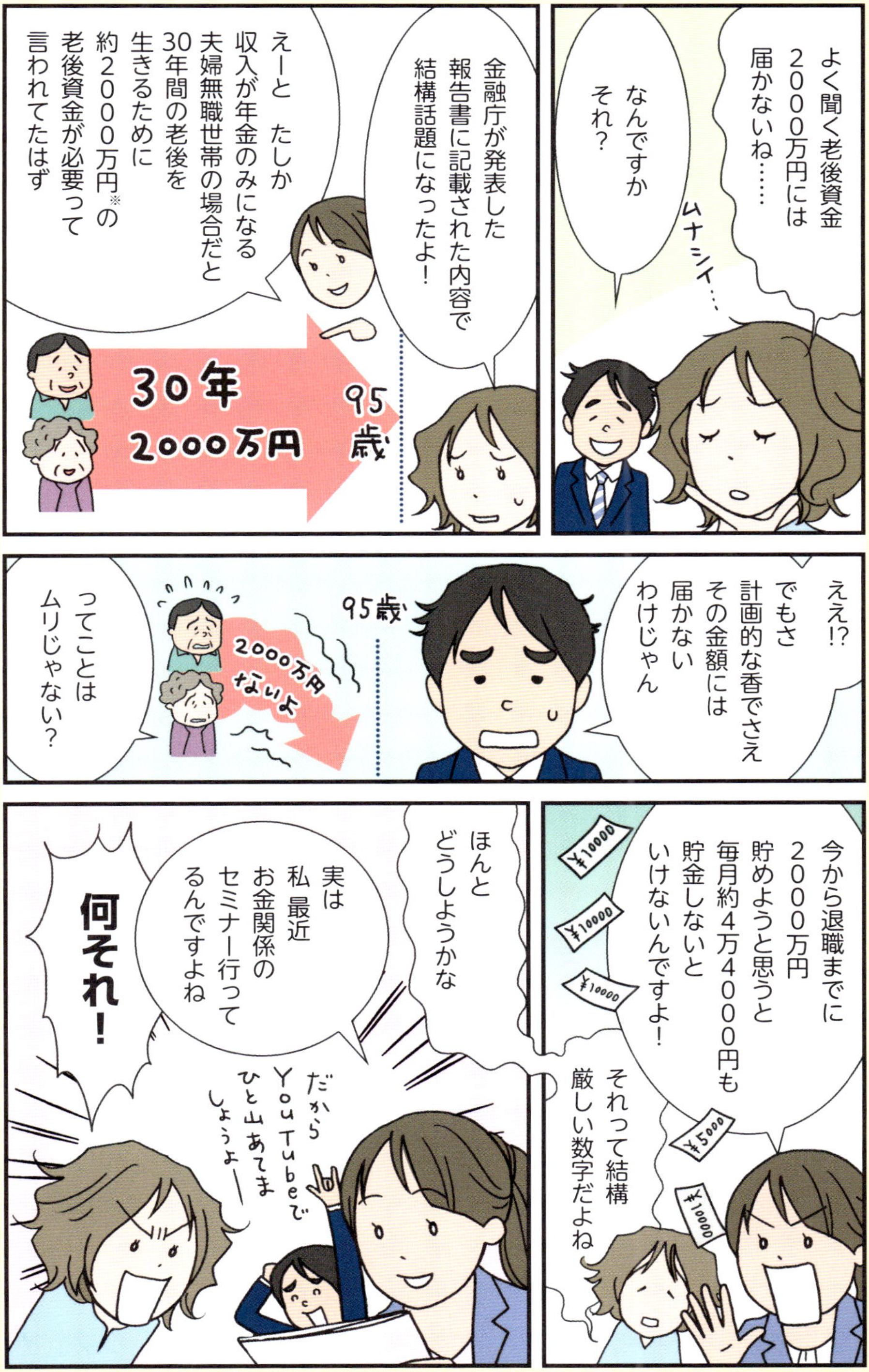


※総務省統計局「家計調査報告」（2017年）をもとに計算

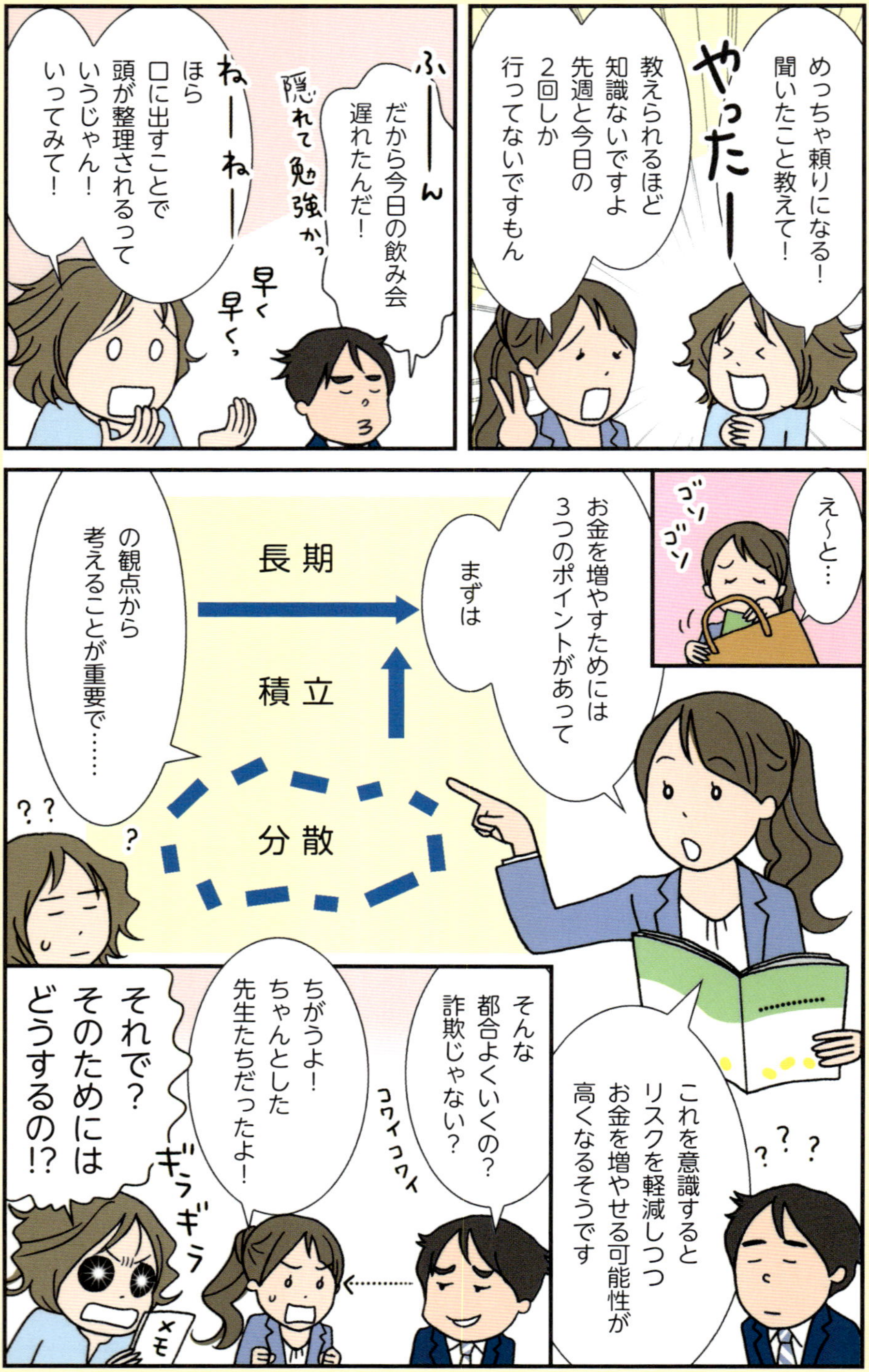
めっちゃ頼りになる! 聞いたこと教えて!
やったー
教えられるほど知識ないですよ 先週と今日の2回しか行ってないですもん
ふーーーん
だから今日の飲み会遅れたんだ!
隠れて勉強かっ
早く早くっ
ねーーねーー
ほら口に出すことで頭が整理されるっていうじゃん! いってみて!
え〜と…
ゴソゴソ
お金を増やすためには3つのポイントがあって
まずは
長期
積立
分散
の観点から考えることが重要で……
??
?
これを意識するとリスクを軽減しつつお金を増やせる可能性が高くなるそうです
???
そんな都合よくいくの? 詐欺じゃない?
コワイコワイ
ちがうよ! ちゃんとした先生たちだったよ!
ギラギラ
それで? そのためにはどうするの!?
メモ

それに適した商品は
NISA(ニーサ)と
iDeCo(イデコ)の
2つで
お金を増やしたいなら
まずはこの2つを
検討すべきって
話でした!
先生を紹介します
まずは
NISAとiDeCoから
始めましょう!
高山さん
ファイナンシャルプランナー
(iDeCo担当)
頼藤さん
経済ジャーナリスト
(NISA担当)
ああ! 聞いたことある!
確かNISAは
株の取引が非課税に
なるんだっけ?
税金がかからないってステキよね
そうなんですけど
種類もいくつか
あるみたいで…
あと
2024年には制度が
大きく変わるそうです
え? そうなの?
なんか難しそうかも…
iDeCoは
どういうしくみなの?
自分で作る
年金制度っていう
位置づけで
これに加入すると
所得税や住民税が
減るらしいです!
節税!
所得税と住民税が
減る!
なんかおトクっぽい!

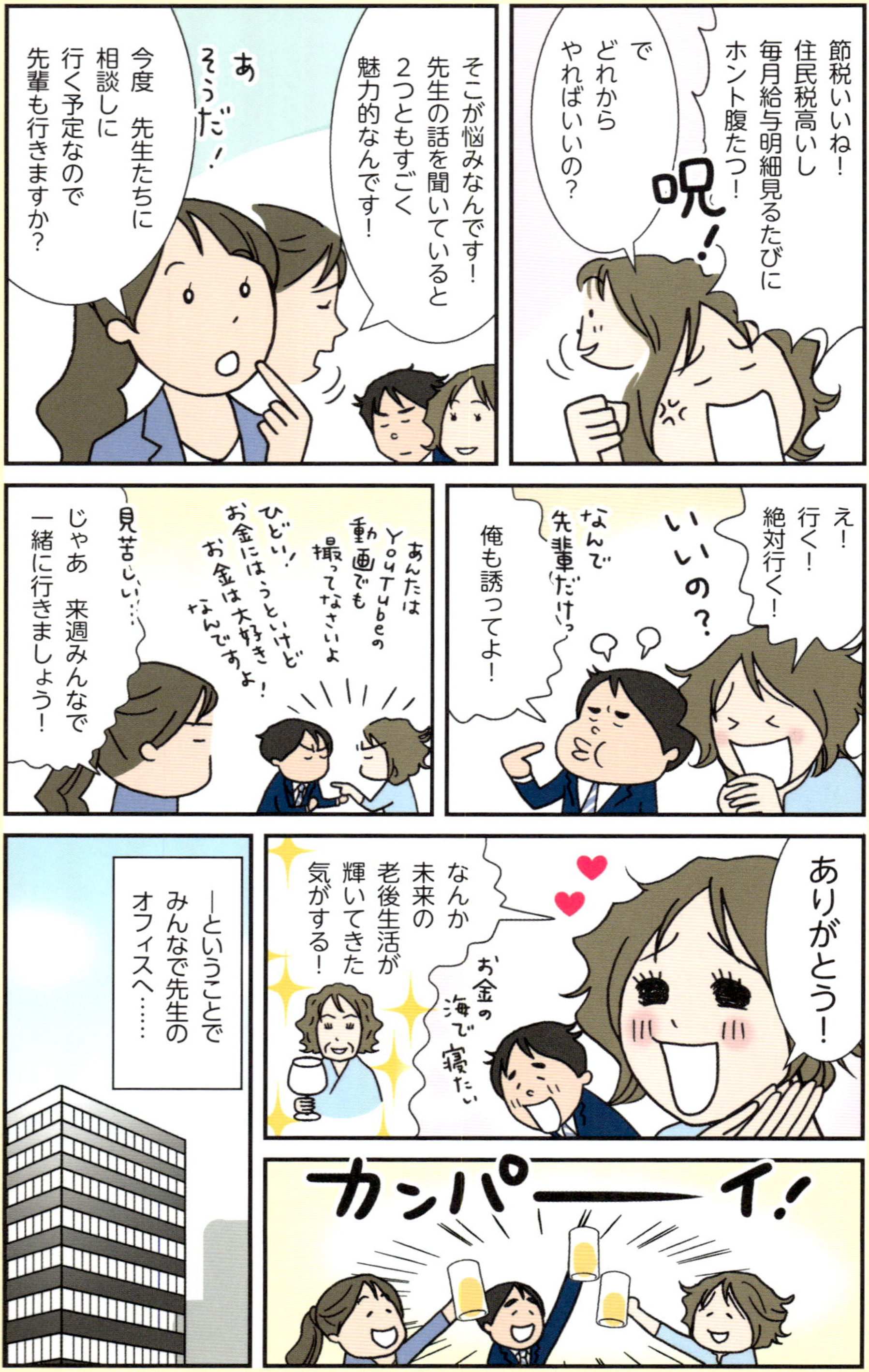
節税いいね！
住民税高いし
毎月給与明細見るたびに
ホント腹たつ！
呪！
で
どれから
やればいいの？
そこが悩みなんです！
先生の話を聞いていると
2つともすごく
魅力的なんです！
あ
そうだ！
今度　先生たちに
相談しに
行く予定なので
先輩も行きますか？
え！
行く！
絶対行く！
いいの？
なんで
先輩だけっ
俺も誘ってよ！
あんたは
YouTubeの
動画でも
撮ってなさいよ
ひどい！
お金にはうといけど
お金は大好き
なんですよ！
見苦しい……
じゃあ　来週みんなで
一緒に行きましょう！
ありがとう！
なんか
未来の
老後生活が
輝いてきた
気がする！
お金の
海で寝たい
カンパーーイ！
―ということで
みんなで先生の
オフィスへ……

先輩
行きますよ……
OK! カモン!
バラ色の未来!
先輩のところだけへんな風が吹いてますよ…
でも
俺みたいな
お金がない人でも来て
よかったのかな……
急に不安に
なってきた……
ノンノン!
だからいい先生たち
だってば!
そもそもお金がないから
それを増やすための方法を
相談しに来たわけじゃん
問題ない!!
おお〜!
今日は 先輩が
頼もしく見えます!
いつもよ!
チャッ
騒いでないで
早く行きますよ!
カチャ
こんにちはー
こんにちはー
よくいらっしゃい
ました
では 出陣!

Contents

# はじめてのNISA&iDeCo 目次

## 第1章 誰でも非課税！ NISAのしくみ

## 第2章
# 老後資金作りの最強ツール！ iDeCoのしくみ

## 第3章 実践！ 運用スタートまでのプロセス

## 第4章 必ず見つかる！ 自分にあった商品の見つけ方



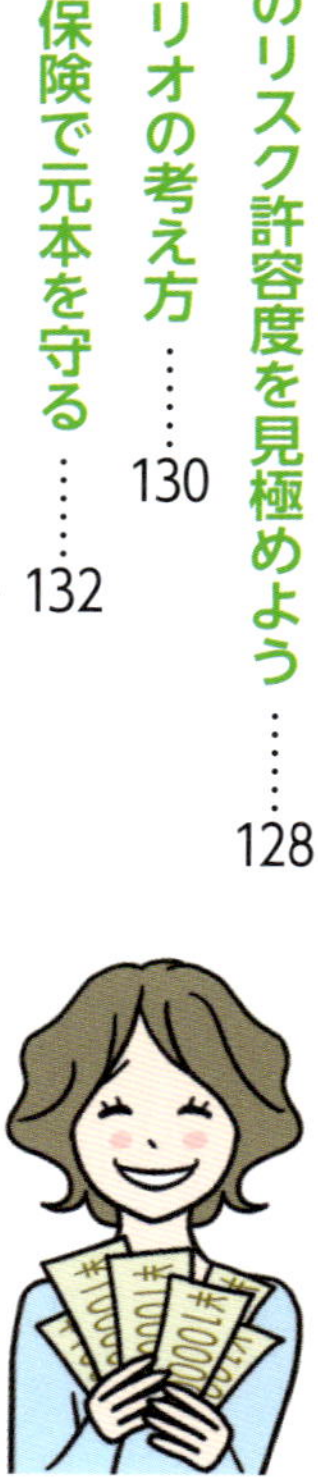

## 第5章 運用スタート後の不安を解決！

きく拡充！

現行の一般NISA・つみたてNISA・ジュニアNISAで投資できるのは2023年まで。2024年から新しいNISAの制度がスタートします！

現行の制度が……

一般NISA ＋ つみたてNISA

一本化！

2024年スタート

# 新しいNISA

2つの現行NISAを合わせたような制度になります！

【新しいNISAの主なポイント】

## ●非課税でいつまでも投資できる！

**before**

一般NISAは5年、つみたてNISAは20年しか非課税にならない……

**after**

30年でも
40年でも
ずっと非課税！

## ●2つの制度が併用できる！

**before**

一般NISAかつみたてNISA、どちらかしか使えない……

**after**

一般NISA同様の成長投資枠とつみたてNISA同様のつみたて投資枠が併用できる！

# 2024年改正 NISAの制度が大

## 年間の投資金額が増える

**before**

つみたてNISA
40万円
一般NISA
120万円

**after**

つみたて投資枠
**120万円**
成長投資枠
**240万円**

## 生涯投資枠が設けられる

1人
1,800万円まで
投資できるん
だって！

商品を売却して非課税の
総枠に空きができると、
投資元本ベースで
生涯投資枠が復活する！

## 一部商品は購入できなくなる
（成長投資枠）

整理・監理銘柄※

※整理銘柄とは、上場廃止が決まった銘柄。
監理銘柄とは、上場廃止基準に該当する
おそれがある場合に指定される銘柄

高レバレッジ型の投資信託
毎月分配型の投資信託

リスクの高い商
品や資産形成に
不向きな商品は
除外されます！

新しいNISAの制度は、これから投資を始めるなら、まず最大限活用すべき
使い勝手のいい制度です。P64で解説しますので、どんどん使いましょう！

2022年に、iDeCoのルールが大きく変わりました。改正のポイントをチェックしましょう。

# 便利になった!

## 2022年4月　資産の受け取り開始年齢が75歳になるまでに延長！

## 2022年5月　iDeCoに加入できる期間が65歳未満までに延長！

**before**　60歳になるまで加入可能、70歳になるまでに受け取り開始

iDeCoに
加入して
積立可能

20歳〜59歳

受け取り開始年齢を決める
一時金受け取りの場合
70歳になるまで
運用益非課税

60歳〜70歳

年金
受け取りの場合
受け取り開始から
最長20年（90歳）
まで運用益非課税

90歳

**after**　5年間長く掛金の拠出・非課税運用が可能に!

iDeCoに
加入して
積立可能

20歳〜64歳　延長!

受け取り開始年齢を決める
一時金受け取りの場合
75歳になるまで
運用益非課税

60歳〜75歳　延長!

年金
受け取りの場合
受け取り開始から
最長20年（95歳）
まで運用益非課税

95歳

なお、60歳以降にiDeCoに加入できるのは、会社員・公務員・国民年金の任意加入者のみです。

加入期間が5年長くなり、税金を安くする所得控除もより多く活用できます。また、非課税運用も5年長く続けられるのも嬉しい改正です！

# 2022年に制度改正！ iDeCoがますます

## 2022年10月 企業型DC加入者がiDeCoを併用しやすくなった！

これまでも制度上、企業型DCの加入者がiDeCoに入ることはできたのですが、労使合意による規約が必要なため、加入できない人がたくさんいました。

**before** 労使合意による規約の定めがないために、企業型DCに加入しているとiDeCoに加入できない人が多かった

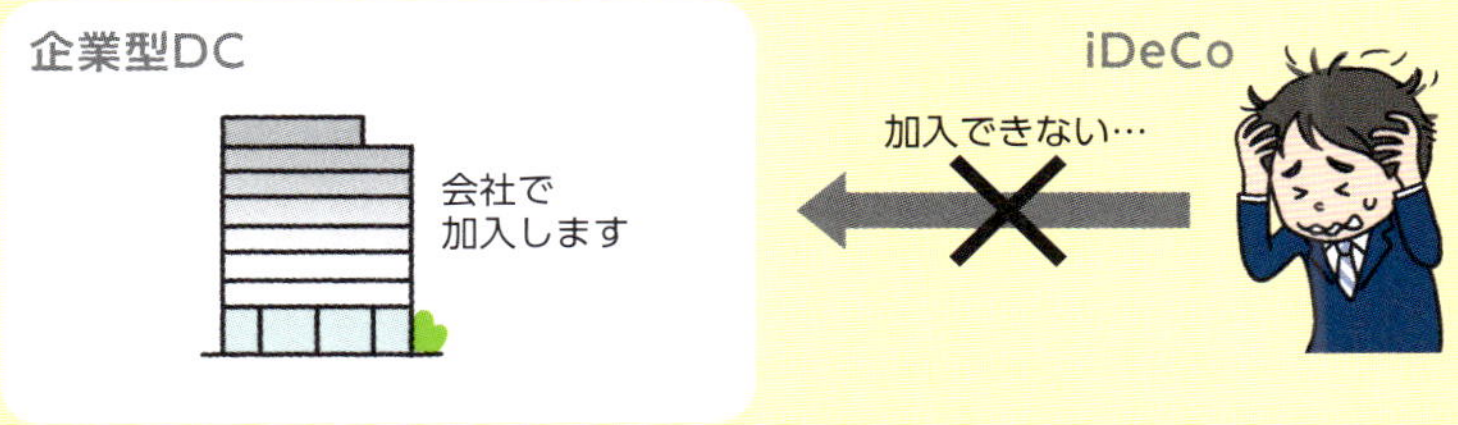


**after** 労使合意による規約の定めがなくても原則企業型DCとiDeCoが併用できるようになった！

企業型DCとiDeCoの掛金額の合計は月5.5万円（または月2.75万円）で、iDeCoの掛金額の上限は月2万円（月1.2万円）となります（P93）。企業型DCの掛金が上限に達している場合はiDeCoには加入できません。

企業型DCとiDeCoを併用すれば、老後資金をより手厚く用意できるようになります。2022年のiDeCoの改正については第2章、P92でも紹介しています！

Prologue 1

## お金を貯めながら、自分で増やす時代です
# 生きるためには、お金がかかる!

### 人生の三大資金とは?

2,000～4,000万円
マイホーム購入
住宅金融支援機構「2021年度フラット35利用者調査」より

約1,000～2,500万円
教育
文部科学省「令和3年度子供の学習費調査」「私立大学等の令和3年度入学者に係る学生納付金等調査結果について」より作成

約1,300～1,800万円
老後
総務省統計局「家計調査報告(2022年)」より作成

これからの人生にどれだけのお金がかかるかは、人によって違うよね。だけど、すべての人に共通するのは、何をするにもお金が必要で、これは、自助努力で貯めなきゃいけないということ!

### ライフイベントに備える

人生にはさまざまなライフイベントがあります。ライフイベントにかかるお金の中でも、**教育費・住宅費・老後資金は「人生の三大資金」と呼ばれます。どれも金額が大きいため、前もって準備していく必要があります。**

教育費は公立や私立、文系か理系など、子どもが希望する進路によって必要な金額は異なりますが、子ども１人あたり最低１０００万円～２５００万円はかかるでしょう。お金が足りないから、子どもの進学を諦めるという事態は避けたいですよね。

## 年金だけでは毎月の生活費が不足する！

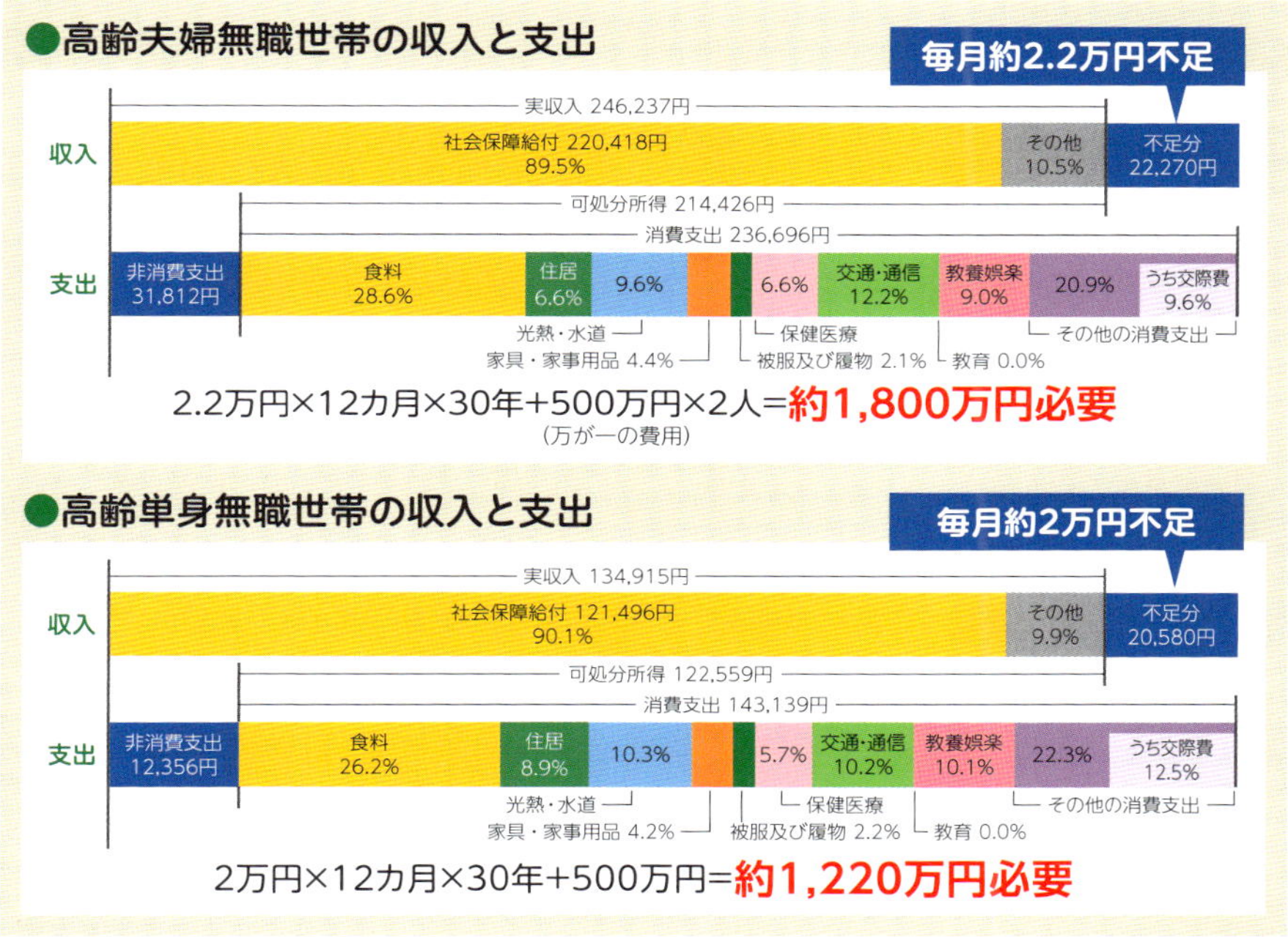


総務省「家計調査報告（2022年）」のデータをもとに作成

住宅費は住む地域で大きく変わりますが、自宅を購入するならば住宅ローンを借りて、数十年にわたって返済するのが一般的です。賃貸住まいならば、老後も家賃を支払い続ける必要があります。

老後資金がいくら必要なのか、総務省「家計調査報告（2022年）」を基に計算した上図を見てみましょう。これは、仮に65歳から30年生きるとして不足額を計算したものです。病気や介護などのお金を1人500万円見込むと、夫婦で約1800万円、単身でも約1220万円程度は自分で用意する必要があります。

**これらの費用は、自助努力をしなければなかなか用意できません。**お金を貯めて、増やしていくことが私たちに求められているのです。

Prologue 2

# 貯金があっても安心できない ボーッとしているとお金は減る!?

## 給料や退職金は昔と比べて減っている

かつて日本では、ひとつの会社で勤め上げれば年功序列で給料が増え、老後は退職金で悠々自適の生活が送れるという時代がありました。しかし、**今は、働いても給料が上がりにくいうえに、退職金も年々減っています。**

左上のグラフは労働者全体の賃金の推移を割合で示したものです。0%より多ければ増えたことを、少なければ減ったことを表しています。もらえる給料の額を表す名目賃金は、増えている年が多いです。しかし、物価を加味した給料の額を表す実質賃金は、ほとんどの年で名目賃金を下回っています。つまり、**給料は相対的に減っている**のです。

## 銀行預金も目減りする!?

では、お金を銀行に預金すれば増えるのかといえば、そうではありません。**銀行預金のお金は増えるどころか、実質的には目減りする可能性もあるのです！** 現在の普通預金の金利はわずか0・001%。100万円を1年間預けても利息はたったの10円(税引後8円)とスズメの涙です。もし金利よりも物価の上昇率が高ければ、同じ金額でも、買えるものが減ります。つまり、銀行に預けているにもかかわらず、お金の価値が相対的に減ってしまうのです。

ボーッとしているとお金は増えません。**給料が上がらない中、物価上昇分を増やしていかないと資産はどんどん目減りします。**

# 何もしなくてもお金が減る時代

## ●労働者の賃金の変化

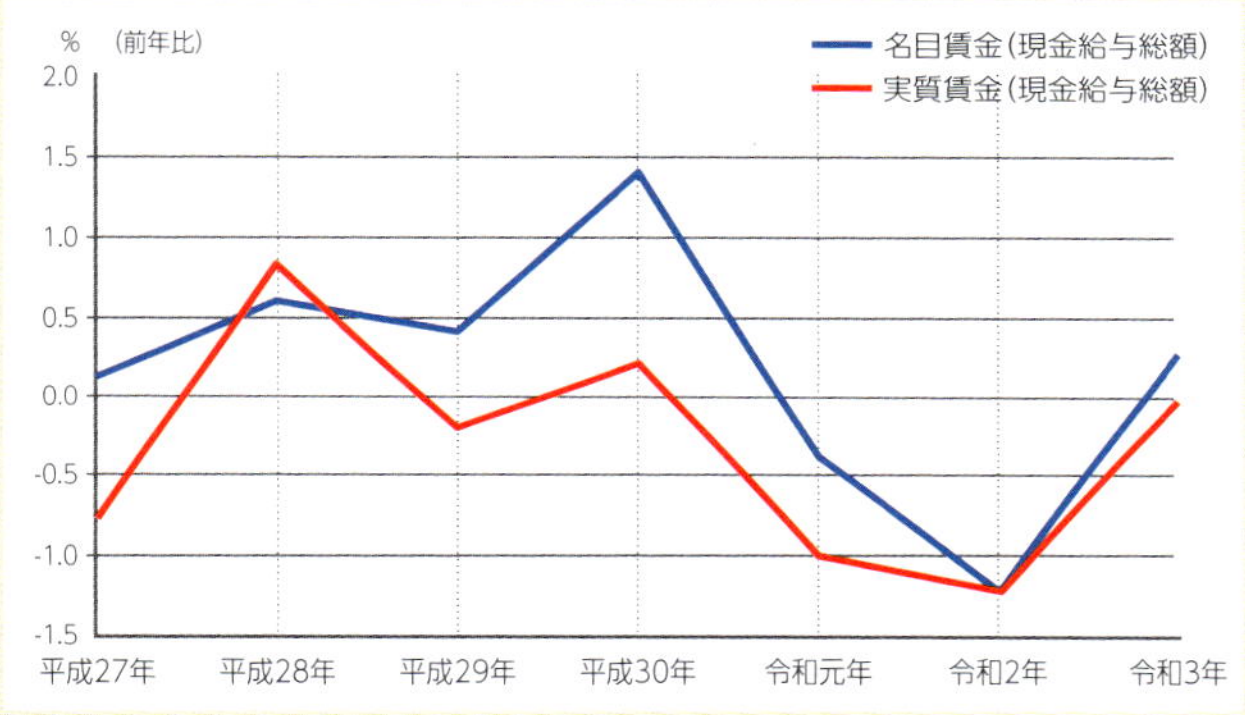

厚生労働省「毎月勤労統計調査 令和3年分」より作成

## ●退職金の移り変わり(勤続20年以上かつ45歳以上の定年退職者)

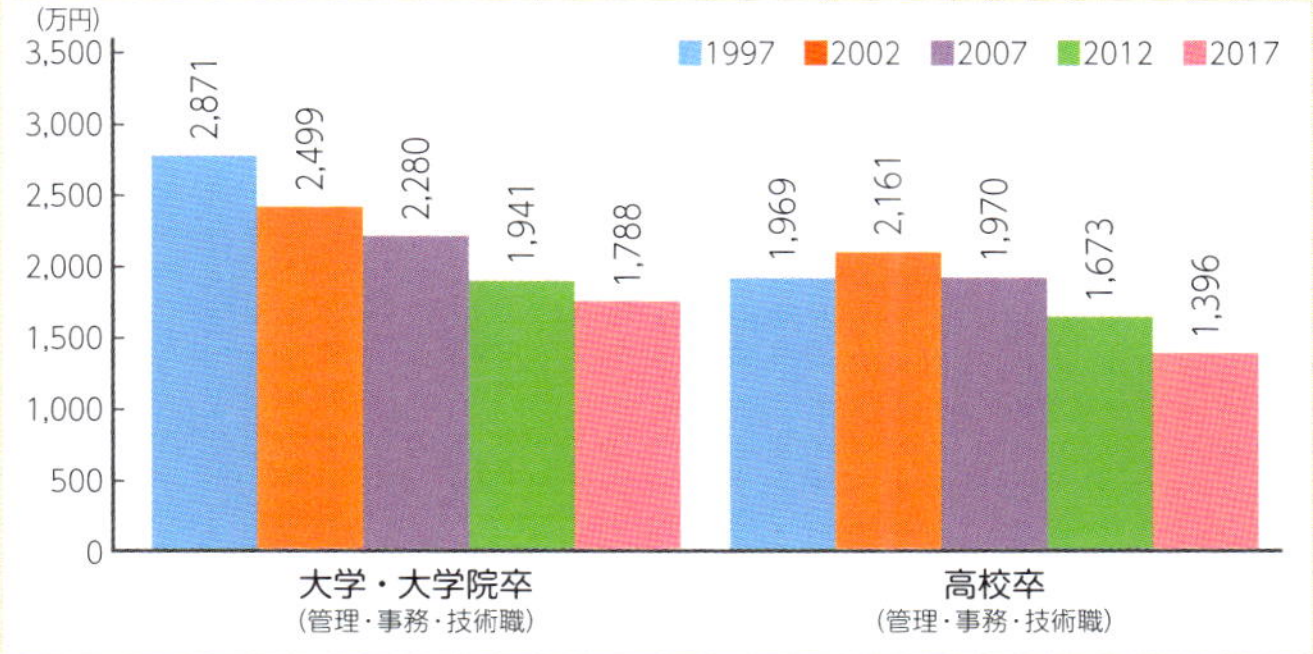


厚生労働省「就労条件総合調査」より作成

## ●物価上昇はじわりじわりと時間をかけて起こる

| 品目 | 1993年(30年前) | 2013年3月(10年前) | 2023年3月 |
|---|---|---|---|
| 小麦粉 (1袋1kg) | 206円 ↗ | 224円 ↗ | 322円 |
| コーヒー1杯 (喫茶店) | 397円 ↗ | 417円 ↗ | 543円 |
| 洗濯代 (Yシャツ1枚) | 236円 ↘ | 227円 ↗ | 255円 |

※東京都区部小売価格を表示　出所:総務省「小売物価統計調査(2023年3月)」

# Prologue 3

## より有利なところにお金を置こう
# お金の置き場所を考えてみよう!

### 日本人は銀行預金が大好き!?

日本人に「投資をしたことがありますか?」と聞くと、「はい」と答える人は、まだ少数派かもしれません。しかし、「銀行預金をしたことがありますか?」と聞いたら、ほとんどの人が「はい」と答えるでしょう。

日本人は預金好きです。日本銀行「資金循環統計」によれば、２０２２年３月末の日本の個人資産２００５兆円のうち、現預金は約１０８８兆円。**総資産の約54%を占めている**のです。

逆に、**米国では、株式・投資信託・債券といった金融資産の割合が約55%**あります。日本と米国では、現預金と金融資産の割合が反対になっているのです。

### お金の置き場所で「増え方」が違う

左図は、１９９７年から２０１７年までの20年間の日米の金融資産の推移を金融庁がまとめたものです。日米ともに増えていますが、日本の金融資産は20年間で１・４倍になったのに対し、**米国の金融資産は同期間で2・9倍にもなっています。**これが、現預金の多い日本と、金融資産の多い米国の差です。

昔は、預金さえすれば年数%の利息がつきました。しかし、前項でも紹介したとおり、銀行預金では、もうお金は増えない時代なのです。

お金を増やしていきたいと思ったら、お金をどこに置くかが重要。**お金の置き場所を、より増えるところに変えることが大切**です。

## 貯蓄より投資のほうがお金を増やせる

### ●日米の家計の金融資産構成

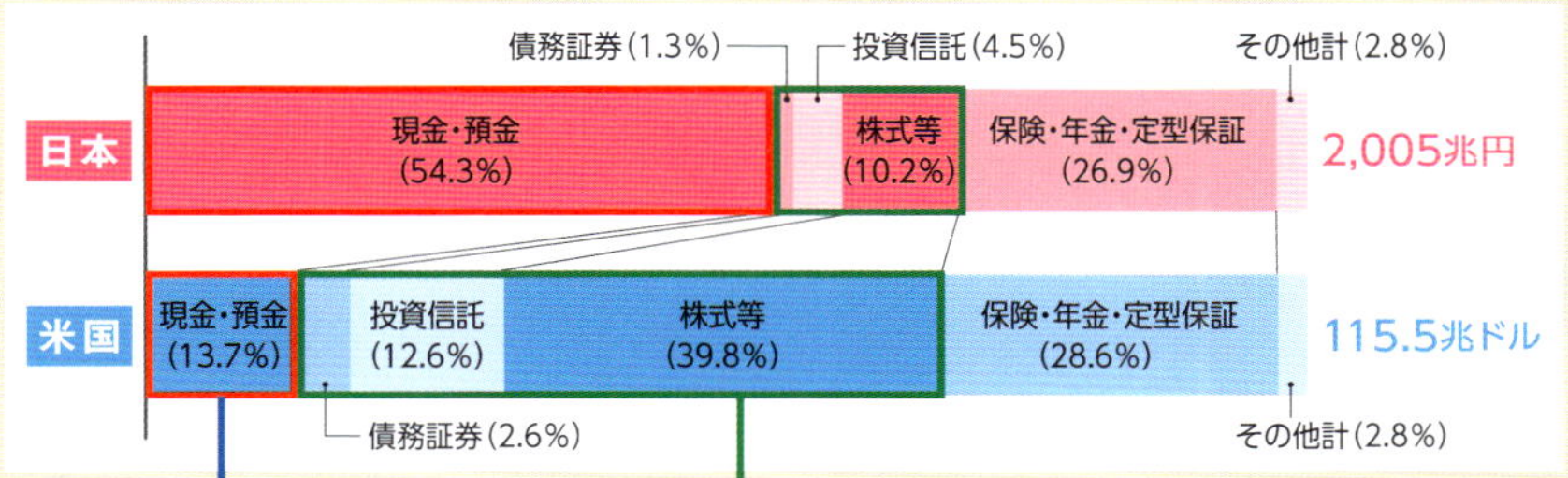


日本銀行「2022年 資金循環の日米欧比較」より作成

**現金・預金の割合**

日本 **54.3%** 米国 **13.7%**

**金融資産の割合**
(株式・投資信託・債券の合計)

日本 **16.0%** 米国 **55.0%**

日本と米国では現金・預金の割合と
金融資産の割合が反対なのがわかります！

### ●日米の20年間の金融資産の推移

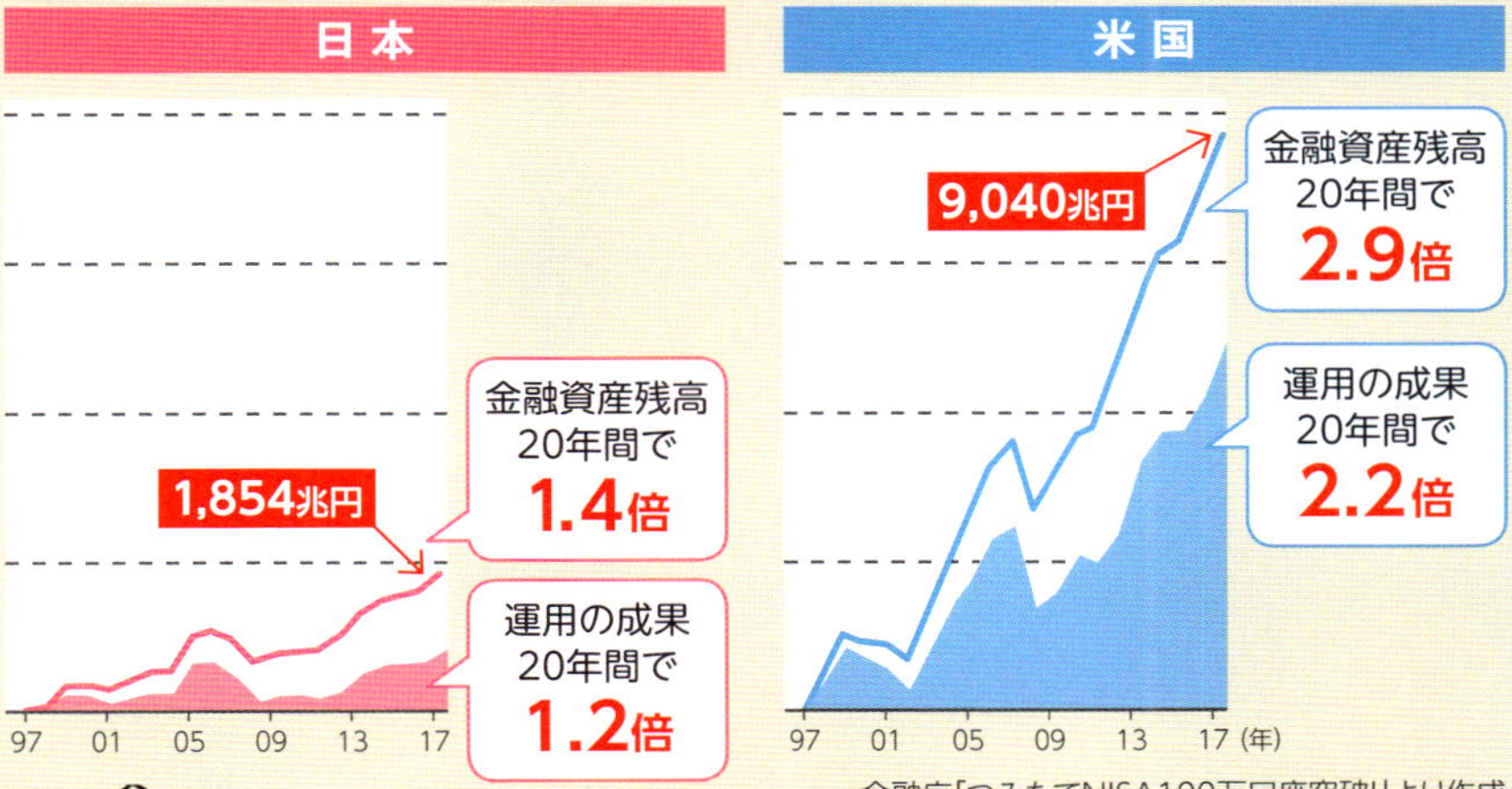


金融庁「つみたてNISA100万口座突破!」より作成

資産運用のさかんな米国のほうが資産を大きく増やせています！

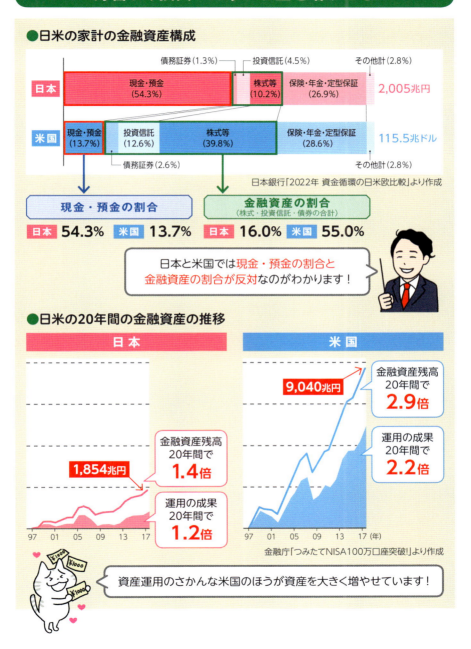

Prologue 4

# 無理なくできる投資から始めよう
# 投資の基本は長期・積立・分散

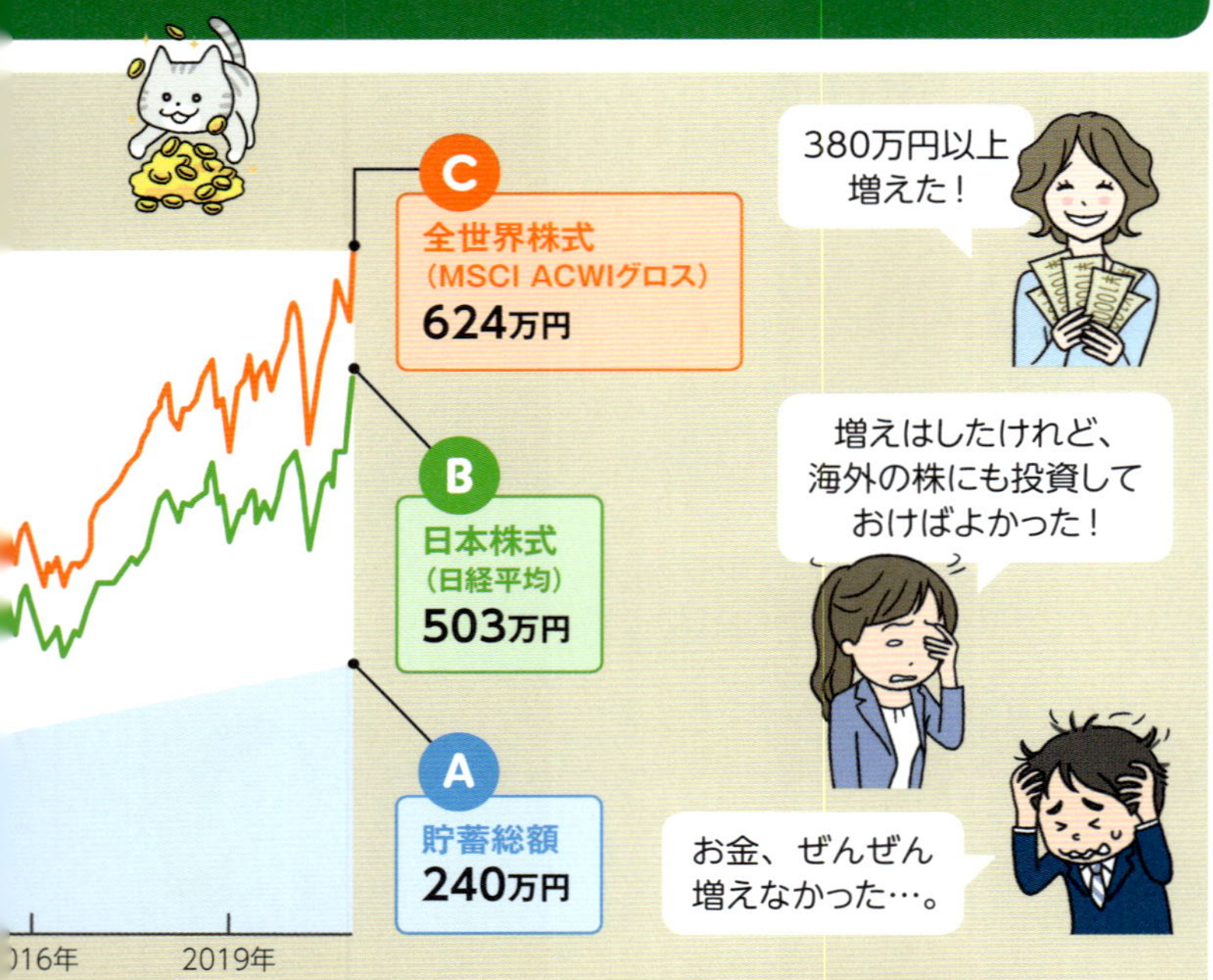


金融庁「つみたてNISA早わかりガイドブック」より作成。投資コスト・税金等は考慮せず

## 3つのルールを守ろう！

投資において、一番不安なのは「値動き」でお金を失う可能性でしょう。でも大丈夫。値動きと付き合っていく方法があります。それは**「長期投資」「積立投資」「分散投資」を行うこと。**

長期投資とは、長い時間をかけて投資を行うことです。短期間で相場を見ると、一時的な要因で大きく変動することがあります。しかし、長期間ならば値動きがならされます。また、増えたお金が新たなお金を生み出す複利効果が味方になります。複利効果を活用すれば、お金の貯まるスピードは増し

## 長期・積立・分散投資の効果はいかほどに…？

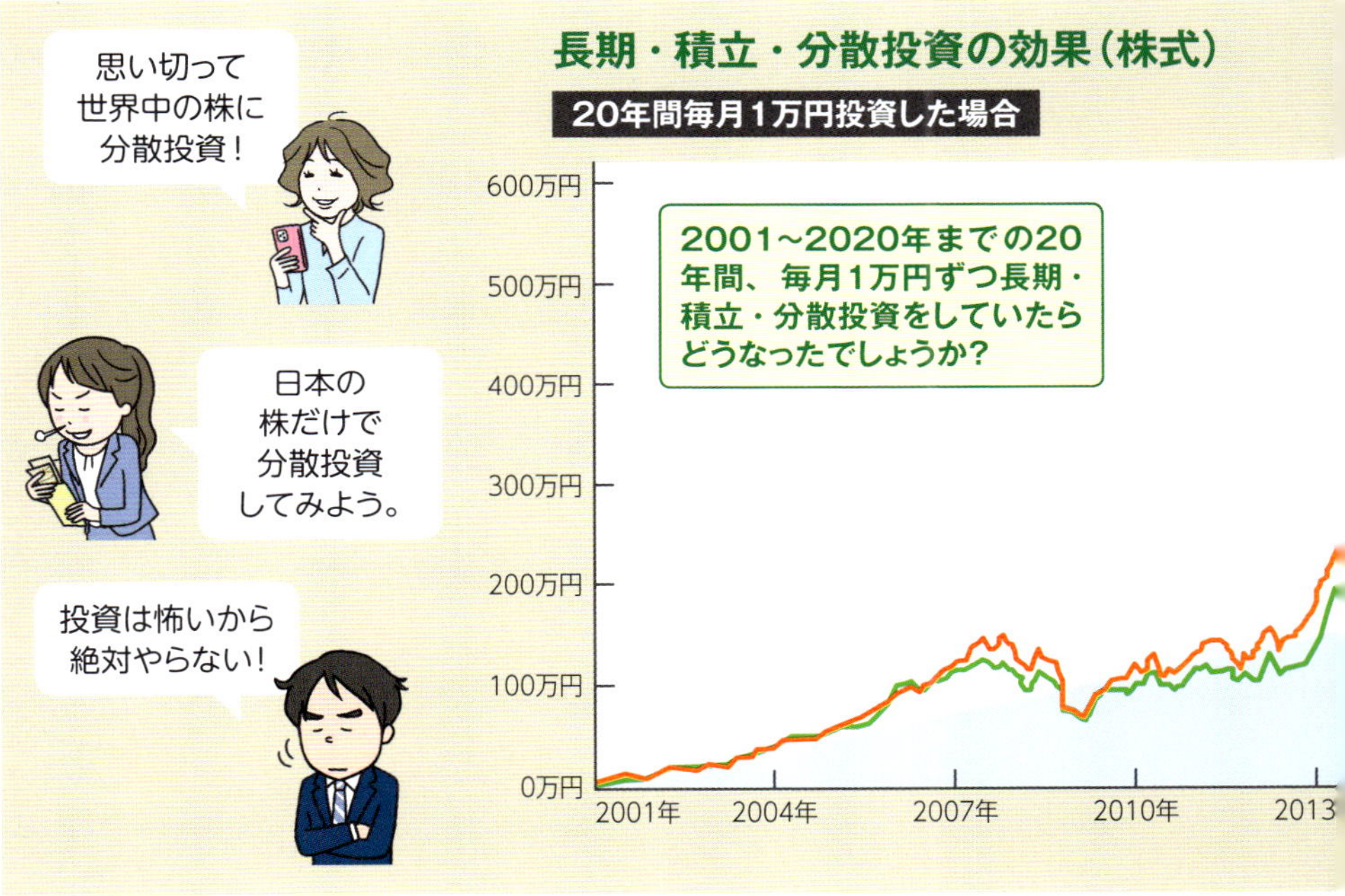


ていきます。

積立投資は、あらかじめ決まった金額を続けて投資することです。定期的にコツコツ投資をしておけば、高いときだけ買ったり、安いときに買わなかったりすることを防げます。さらに、平均購入価格を下げる「ドルコスト平均法」の効果も得られます。

そして分散投資は、値動きの異なる複数の資産に投資することです。こうすることで、過度な値動きを抑えつつリターンを狙えます。投資先の地域を分散すると、成果はより安定します。

金融庁は**20年間の長期・積立・分散投資の結果、上図のとおりのリターンが得られる**と試算しています。今後も必ず同じように増えると断言はできませんが、投資しないよりもはるかに増やせる可能性が高いのです。

Prologue 5

## まずは、投資の感覚を養おう

# 投資は少額からでもスタートすべき！

### 投資をしてはいけない人もいる

　これからの時代、お金を増やしていくには、投資の力を借りることが欠かせません。しかし、中には投資をすべきでない人もいます。それは、生活費がまったくない人です。

　投資の格言に「命金《いのちがね》には手をつけるな」というものがあります。**日々の生活費まで投資してしまうと、お金が減ったときに生活が立ちいかなくなる**、という意味です。投資はお金が増えることがある一方、減ることもあります。元本保証はありません。ですから、**最低でも6カ月分の生活費を確保しましょう。**そこからさらに、当面使うことのない余裕資金を貯めて、投資に回すのが基本です。

### つみたてＮＩＳＡは月１００円から！

　とはいえ、生活費の6カ月分をすべて預貯金で作ろうとすると、お金の貯まるスピードがなかなか上がっていきません。そこで、**2～3カ月分程度の生活費が貯まり、6カ月分のお金が貯まるメドが立ってきたら、月数百円～数千円だけ投資に回す**のもひとつの方法です。そして、6カ月分のお金が貯まったら、投資資金に回すお金を増やすという具合です。

　1章で改めて紹介しますが、特に**つみたてＮＩＳＡでは月１００円から投資できる**金融機関もあります。少額でも、本格的な投資ですから、投資の感覚を養えます。**慣れてきたら、徐々に投資金額を増やしていけばいい**でしょう。

## 投資は余裕資金で始めよう！

**余裕資金**
生活やライフイベントのために当面使う予定のないお金のこと。はっきりとした定義があるわけではないが、おおよそ10年以上は使わなくても平気なお金を指す

### 保有している資産のイメージ

投資は余裕資金の
部分で始めるぞ！

毎月の貯蓄 → 生活費 6カ月分 → 生活費 6カ月分 ＋ 余裕資金

生活費で投資するのはNG！
投資をする前に最低でも
生活費の 6カ月分を貯めましょう。

※生活費が2〜3カ月分貯まったら少額で試してみるのはOK

**投資のしすぎで生活に困るのでは、本末転倒！**
**投資は必ず余裕資金で行うようにしよう！**

# iDeCoのポイント

投資をするならおトクになる制度をぜひ活用すべきです! ここでは本書で紹介するNISAとiDeCoのおトクなポイントをざっくり紹介します。

## Q:どんな制度?

投資をしながら**税金を節約できる**制度です。

## Q:誰が利用できるの?

NISAは**18歳以上**なら誰でも
iDeCoは**20歳から65歳**になるまで
加入ができます。

※60歳以降にiDeCoに加入できるのは会社員・公務員など(国民年金第2号被保険者)と国民年金の任意加入者。
iDeCoは、厚生年金加入者であれば、20歳未満でも加入できる

## Q:何に投資するの?

NISAは**株式・投資信託**など
iDeCoは**定期預金・保険・投資信託**です。

## Q:おすすめの投資方法は?

**つみたてNISA**や**新しいNISA**、**iDeCo**を
利用した**長期・積立・分散投資**です。

おトクな制度だからこそ、後回しにするのはNG。時間を味方につけるために早く始めることが肝心です!

# あなたも節税家！ 30秒でわかるNISA

## Q：何がおトクなの？

### ●投資の利益が非課税でおトク！

NISA　iDeCo

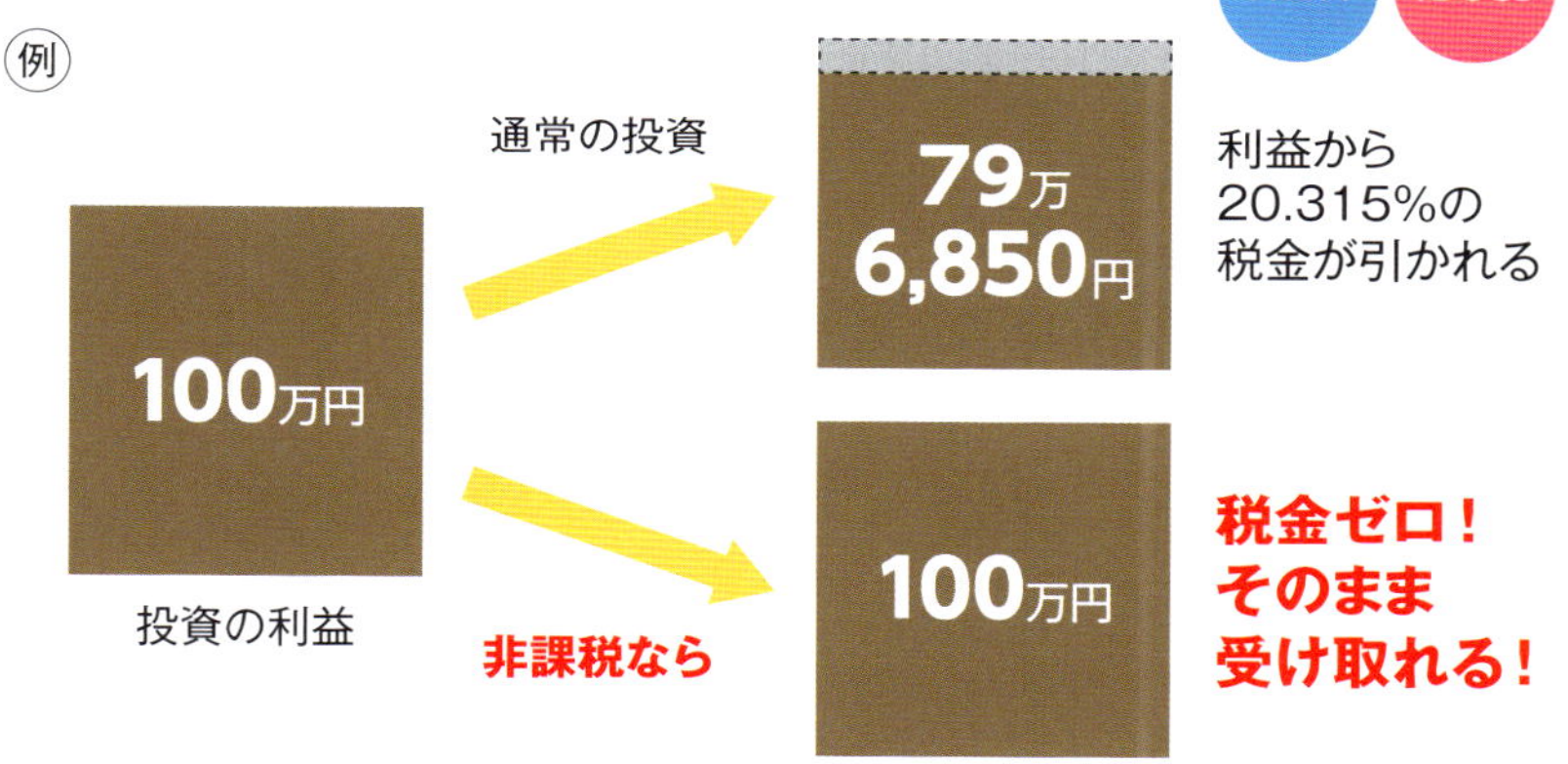


### ●掛金が全額所得控除されておトク！

iDeCo

例 会社員が月2万円（年24万円）iDeCoの掛金を支払った場合

**所得税2万4,000円・住民税2万4,000円**が**毎年**安くなります！

※所得税率10%、住民税率10%（一律）の場合

### ●受け取るときにも税金優遇！

iDeCo

**退職所得控除・公的年金等控除**で税金を減らせます！

Prologue 7

## おすすめはつみたてNISA&iDeCo

# おトクな非課税制度を使おう！

### 10年間で1000万円貯める！

実際に、投資の力を借りるとどれくらいお金が増えるのでしょうか。ここでは、10年で1000万円貯めるプランを考えてみます。**10年で1000万円を預貯金だけで貯めるには、毎月8万3333円ずつ積み立てが必要**になります。だからといって、この金額をいきなり貯めるのは厳しいでしょう。これまでお金を貯めてこなかった方ならなおさらです。

そこで、**無理のない範囲で投資を学び、少しずつ投資をスタートしましょう。**そうして、お金に働いてもらう経験を積みながら、毎月の投資金額を少しずつ増やしていきます。

おすすめは「月3000円～5000円で始める積立投資」と「ボーナスも含めた積立貯金」で1000万円貯めていく方法です。運用は年利3％を目指します。

### 非課税の制度を使ってスタート！

投資をする際には、本書で紹介するNISAやiDeCoといった制度を必ず利用しましょう！　NISAは、投資の利益（運用益）が非課税にできる制度です。また、iDeCoは老後資金を自分で作りつつ、運用益を非課税にできるほか、毎年の所得税や住民税まで安くできる制度です。

これら**非課税の制度を利用することで、普通に投資するよりも効率よくお金を増やせる可能性があります。**ぜひ、スタートしましょう！

## 10年で1,000万円貯めるための投資・貯金計画

### ●毎月の投資額・貯金額の目安と累計元本

| | 投資 | | | 預貯金 | | | 累計元本 |
|---|---|---|---|---|---|---|---|
| | 毎月<br>投資額 | ボーナスから<br>投資<br>(年2回分) | 累計<br>投資額 | 毎月<br>貯蓄額 | ボーナスから<br>貯蓄<br>(年2回分) | 累計<br>貯蓄額 | |
| 1年 | 3,000円 | 0円 | 3万6,000円 | 1万円 | 20万円 | 32万円 | 35万6,000円 |
| 2年 | 6,000円 | 0円 | 10万8,000円 | 2万円 | 20万円 | 76万円 | 86万8,000円 |
| 3年 | 1万円 | 10万円 | 32万8,000円 | 3万円 | 20万円 | 132万円 | 164万8,000円 |
| 4年 | 2万円 | 10万円 | 66万8,000円 | 3万円 | 20万円 | 188万円 | 254万8,000円 |
| 5年 | 3万円 | 16万円 | 118万8,000円 | 3万円 | 14万円 | 238万円 | 356万8,000円 |
| 6年 | 4万円 | 16万円 | 182万8,000円 | 3万円 | 14万円 | 288万円 | 470万8,000円 |
| 7年 | 5万円 | 20万円 | 262万8,000円 | 3万円 | 10万円 | 334万円 | 596万8,000円 |
| 8年 | 5万円 | 20万円 | 342万8,000円 | 3万円 | 10万円 | 380万円 | 722万8,000円 |
| 9年 | 5万円 | 20万円 | 422万8,000円 | 3万円 | 10万円 | 426万円 | 848万8,000円 |
| 10年 | 5万円 | 20万円 | 502万,8000円 | 3万円 | 10万円 | 472万円 | 974万8,000円 |

貯め始めは投資も貯金も無理のない範囲で行い、年数が経つにつれて、毎月の金額を増やしていくのが理想です。5年目以降はボーナスからの貯金額を減らし、その分を投資へ回します。

### ●投資の運用益と貯金の利息

| | 投資 | | | 貯金 | | | 資産総額 |
|---|---|---|---|---|---|---|---|
| | 投資額 | 運用益 | 元利合計 | 貯金額 | 利息 | 元利合計 | |
| 1年 | 3万6,000円 | 499円 | 3万6,499円 | 32万円 | 1円 | 32万1円 | 35万6,500円 |
| 3年 | 32万8,000円 | 8,390円 | 33万6,390円 | 132万円 | 16円 | 132万16円 | 165万6,406円 |
| 5年 | 118万8,000円 | 4万9,912円 | 123万7,912円 | 238万円 | 52円 | 238万52円 | 361万7,964円 |
| 7年 | 262万8,000円 | 16万3,758円 | 279万1,758円 | 334万円 | 108円 | 334万108円 | 613万1,866円 |
| 10年 | 502万8,000円 | 53万457円 | 555万8,457円 | 472万円 | 228円 | 472万228円 | 1,027万8,685円 |

投資の運用益は年3%、貯金の利息は1年複利で計算。税金や手数料は考慮していない

投資を年3%で運用できた場合、10年後の資産総額は1,027万8,685円。見事10年間で1,000万円達成です。NISAやiDeCoを利用すれば、運用益非課税などのメリットが受けられます。

Column

## 資産運用で成功する人と失敗する人の違いとは?

お金を増やすためには、誰もが「お金自身に働いてもらう」資産運用に取り組むべき時代です。しかし、資産運用には成功する人と失敗する人がいます。その違いは次のとおりです。

**●自分のリスク許容度を理解しているか**(→P128)

資産運用で損をした場合、どのくらいまでなら耐えられるかという度合いを「リスク許容度」といいます。資産運用で成功する人は、自分のリスク許容度を理解したうえで、投資金額や投資先を決めます。一方で、失敗する人はリスク許容度をわきまえずに投資をするため、損失に耐えられなくなるのです。

**●投資資産のリスクを理解しているか**(→P128)

資産運用で成功する人は、リスク許容度を踏まえて、無理のない範囲で投資先を選びます。しかし、失敗する人は知識がないので、リスクの大きな商品に手を出しがちです。結果、相場の下落時に大損してしまいます。

**●資産をバランスよく分散しているか**(→P130)

資産運用で成功する人は、自分の資産を複数の投資先にバランスよく分散しています。そうして、ある資産が値下がりしても、ほかの資産の値上がりでフォローしながら、資産を増やしていきます。逆に失敗する人は、投資先を一点集中させてしまうため、その投資先の値下がりにあわせて資産を減らしてしまうのです。

**●コスト・税金を意識しているか**(→P144)

資産運用で成功する人は、投資にかかるコストや税金も気にします。これらは、利益を確実に押し下げるからです。なるべく手数料の安い商品を選び、税金を抑える制度を活用します。

その点失敗する人は、人気商品やおすすめされた商品にも、コストを気にせず飛びついてしまいがちです。

これからNISAやiDeCoを活用して資産運用を始めるからには、このような「成功する人」のやり方を真似することから実践してはいかがでしょうか。

第1章

# 誰でも非課税！NISAのしくみ

NISAとは投資で得られた
利益が非課税になる制度。
投資を始めるなら、ぜひ利用しておきたいしくみです。
現行のNISAは2023年末で終了し、2024年から、
より使いやすくなった新しいNISAがスタートします。

# NISAってどういう制度？

そう！
たとえば投資して
100万円利益が
でたとします
100万円も！
例えばの話ですよセンパイ
100万円
この場合
いくら税金を
とられると
思いますか？
えーと
消費税と
同じくらいで
8%とか
10%？
何にでも
税金
かかる
なー
税金
100万円
それが　なんと
20・315%
も税金がかかるんです
えぇっ
ってことは
20万円ぐらい
とられるって
ことですか!?
高！
税
金
そう　100万円
儲かったとしても
実際に手元に残る
金額は…
796,850円
だけ!?
20万
3,150円
税金
こういう
ときだけは
計算早い
ですよね
プル
プル
NISAなら非課税
になるってことは
100万円丸ごと
もらえるって
ことですか？
NO
税金！
そのとおりです！
投資をするなら
NISAを
使わないと
もったいないです
やった～！
今すぐ
始めたい
気分です！
NISA
100%
利益
他
税
79.685%
利益
¥10000

2023年末までのNISAの制度は3種類ですが2024年から制度が一新されます
どんより…
もうややこしい話になってきた…
大丈夫!大丈夫!ざっくり現行の制度は
一般NISAなら年間120万円までの投資で得た利益が非課税になります
ニャーニャー
120万円も投資に回せる余裕ないです…
それに商品の売り買いとか大変そうですよね…
知識もないですし…
¥10000
¥10000
¥10000
¥10000
そんな人におすすめなのがつみたてNISAです!
現行のNISAでは最も非課税期間が長い制度で年間40万円までの投資で得た利益が非課税になります
非課税の期間が最も長い!
諒太28歳
最長20年間
非課税の小径
諒太48歳

年間40万円なら最大でも毎月3万3千円ぐらいか…
いけそうな気がします!
うーむ
それにこの制度は金融庁の厳しい条件をクリアした商品の中から最初に商品と金額さえ決めれば自動的に購入してくれるしくみなので手間もかかりません!
商品選んでおいたから
金融庁
スキなの買ってネ
ETF
外国株型
日本株型
バランス型
商品と金額を決めたら
あとは自動購入
投資初心者にはこの制度がおすすめですね
おおおー
猫でも買える
あとは子ども向けのジュニアNISAという制度も2023年末まではありますがおいておきましょう
子どものくせにニーサを!
嫉妬!!
見苦しいですよ
なんだかやる気がでちゃったなー
先生!もっと教えてください!
では次のページからより詳しく解説していきましょう

Topic 1

# 約20%分もおトクになる!? 税金をゼロにできるNISA

## 利益にかかる税金が非課税に

お金を効率よく増やしていくためには、少しでも有利なところにお金を置くことが大切です。その「有利なところ」のひとつがNISAです。NISAは、2014年にスタートした、**少額の投資で利用できる非課税制度**です。

投資の利益には通常、20・315%の税金がかかります。しかし、**NISAを使った投資ならば、この税金がゼロにできます。**税金がかからない分、利益がでた際に受け取れる金額が増えるため、お金をより効率的に増やすことができます。浮いたお金をさらに投資に回せば、お金が増えるスピードはどんどん加速します。

## 意外と高い税金のしくみ

たとえば、NISAを使った投資で100万円の利益がでたとしましょう。

本来なら、20・315%の税金がかかるので、受け取れる金額は79万6850円です。しかし、NISAで運用していれば、税金がかからないため、100万円が丸ごと受け取れます。つまり、20万円もの差がでるのです。

非課税でトクするために、NISAを利用する人は年々増えています。**NISAは、これから投資でお金を増やしたいならば、まず活用すべき制度**なのです。

用語解説

**課税口座：**利益がでたら税金を納める必要がある口座。税額を金融機関が計算してくれる「特定口座」と、自分で計算する「一般口座」がある（→P106）。NISAでは、「NISA口座」を開設し、その中で運用を行う。

## 運用益非課税の大きな効果

### ●投資で得られる主な利益

売却益

運用中の利益
（分配金・配当金）

「運用益」が
非課税

効率よく
お金を
増やせる

### ●例：投資で100万円の利益がでた場合の税金は？

投資額
100万円

**通常の投資の場合**

利益がでた！

利益
100万円

100万円

税金 20万3,150円
（税率20.315%）

税引後利益
79万
6,850円

税金で
20万円以上
減った…

**NISAの場合**

利益がでた！

利益
100万円

100万円

利益
100万円

利益が
丸ごと
もらえた！

せっかく利益がでても、税金で持っていかれるのはもったいない！　投資をするなら、非課税の制度を先に使いましょう。

Topic 2

# 「3つのNISA」はどう違う？

## 制度を知って自分にぴったりのものを選ぼう

### 2023年までのNISA制度

2023年時点の現行NISAは全部で3種類あります。それぞれ、1年間に投資できる金額や運用できる商品、利用できる人などが異なります。

一般NISAは、**1年間に投資できる金額が120万円と、もっとも多い制度**ですが、非課税期間は5年間と短いです。つみたてNISAは、**非課税で投資できる期間が20年間と、もっとも長い制度**です。金融庁が定めた投資信託などを選んで運用します（→P44）。

そしてジュニアNISAは、未成年者が利用できる制度です。なお、現行NISAでの新規の投資は2023年末で終了。2024年からは新しいNISAが始まります（→P64）。

### 一般NISAとつみたてNISAは選択制

「一般NISAとつみたてNISAを一緒に始めようかな」と思われた方もいるかもしれません。

しかし、現行の**NISA口座は1人1口座だけしか持てないルール**です。同時に2つの制度を利用することはできません（年単位で口座の種類を切り替えることは可能）。

なお、新しいNISAでは一般NISAとつみたてNISAを合わせたような投資ができます。

用語解説

**非課税投資枠：**非課税で投資できる金額のこと。単に「非課税枠」と呼ばれることもある。NISAでは毎年一定金額の非課税枠が設定され、その枠内の投資で得られた利益が非課税になる。

## 3つのNISA制度の特徴

日本に住む成人（18歳以上）が利用できる制度
（どちらかを選択）

### 一般NISA

- 年間**120**万円までの投資で得られた利益が **5** 年間非課税になる制度
- **株式**や**投資信託**で運用

### つみたてNISA

- 年間**40**万円までの投資で得られた利益が**20**年間非課税になる制度
- **投資信託の積み立て**で運用

日本に住む未成年（0歳～17歳）が利用できる制度

### ジュニアNISA

- 年間**80**万円までの投資で得られた利益が **5** 年間非課税になる制度
- **株式**や**投資信託**で運用

現状、長期・積立・分散投資に一番適した制度は、20年間じっくりと取り組めるつみたてNISA！ 長期にわたって非課税の恩恵を受けながら、コツコツと資産を作れます！

Topic 3

「少額で長期運用」にぴったりな制度

# つみたてNISAのしくみをチェック!

## 年間40万円までの投資が非課税

現行のつみたてNISAは2018年にスタートした制度です。最長**20年間にわたって、年間40万円までの投資で得られた利益を非課税にできます。**

**つみたてNISAで投資できるのは、金融庁の一定の基準を満たした投資信託・ETF**(上場投資信託)。長期間積み立てと分散投資ができる商品のみです。

もちろん、金融庁の基準を満たすから、将来的に必ず値上がりする、というものではありません。しかし、手数料が安くてシンプルな商品が多く、資産を堅実に増やすのに向いています。

## 投資のタイミングもお任せできる

つみたてNISAでは、**自分で指定した金額が指定した日に自動的に引き落としになり、継続して積立投資が行われます。**一度設定すれば、あとは自動でコツコツ積み立てていけるので、忙しい方でも大丈夫。積み立てる日を給与振り込み日の翌日に指定すれば、口座にお金がなくて引き落とせない、ということもなくなります。

しかも**積立投資には、どんな局面でも感情に左右されず、淡々と買い付ける効果があります。**投資タイミングを自分で判断する必要もなし。つみたてNISAは手間の面でも、心理的な面でも楽な投資なのです。

Memo

つみたてNISAで商品を購入する回数は、「毎日」「毎週」「毎月」などから選択できます。時間分散の観点からは頻度が多いほうが有利といわれていますが、過去の実績では大きな差はないことがわかっています。

## 長期間コツコツ増やすつみたてNISA

| | つみたてNISA |
|---|---|
| 利用できる人 | 日本に住む18歳以上なら誰でも（年齢上限なし） |
| 非課税となる期間 | 投資した年から**最長20年間** |
| 年間投資上限額 | **40万円** |
| 投資対象商品 | 金融庁が定めた基準を満たす投資信託・ETF |
| 投資方法 | **積み立てのみ** |
| 資産の引き出し | **いつでも引き出せる** |

3つのNISAのうち、年間投資上限額はもっとも少ないのですが、長期間にわたってコツコツお金を増やしていくのに向いています。

2024年からの新しいNISAの「つみたて投資枠」では、つみたてNISAと同様の投資ができるよ。非課税となる期間が無制限になり、年間投資上限は120万円にアップ！

Topic 4

# つみたてNISAが長期投資にぴったりの理由

## 価格が大きく上がらなくても利益がでやすい

### ドルコスト平均法を活用できる

値動きのある商品を定期的に一定額ずつ購入すると、価格が高いときには少ししか買えず、価格が安いときにはたくさん買えます。この購入方法を「ドルコスト平均法」といいます。これを利用すると、平均購入価格が抑えられ、**価格が大きく上がらなくても利益が出せる可能性が増します。**

もし、商品が一方的に値上がりするなら、最初にまとめて購入したほうが利益は大きくなりますが、そうなるかどうかは事前にはわかりません。商品の価格は上下するため、値上がりしたときに利益が大きくなるように準備しておくことが大切です。それができるのがつみたてNISAです。

### 年齢制限も引き出し制限もない！

第2章で扱うiDeCo（イデコ）も積立投資の制度ですが、弱点があります。それは、積立のできる年齢が65歳になるまでだということ。また、原則60歳になるまで積み立てた資産の引き出しができません。その点、つみたてNISAは成年年齢にならないと投資できないという年齢制限はあるものの、**年齢の上限はありません。**

また、**つみたてNISAの資産はいつでも引き出すことができます。**つまり、投資したお金が固定されないため、急にお金が必要になったときにも対応できるのです。

Memo

買いたいタイミングでまとめて買うことをスポット購入といいます。安いときに買い、高くなってから売れば積立投資より儲かるかもしれませんが、安い・高いは判断しにくいので、初心者には積立投資のほうがおすすめです。

## まだまだあるつみたてNISAのメリット

### ●例：投資信託の値段（基準価額）が以下のように変動した場合

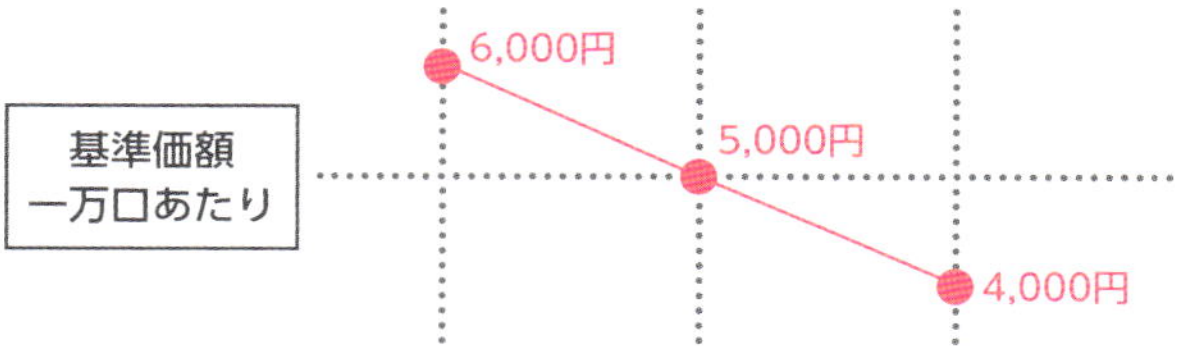


平均購入価格を抑えられた！

「一定額」ずつ積み立てた場合（ドルコスト平均法）

| | | | | |
|---|---|---|---|---|
| 積立額 | 10,000円 | 10,000円 | 10,000円 | 合計金額 30,000円 |
| 購入口数 | 16,667口 | 20,000口 | 25,000口 | 合計口数 61,667口 |

一万口あたり平均購入価格 **4,865円**

「一定量」ずつ積み立てた場合

| | | | | |
|---|---|---|---|---|
| 積立額 | 6,000円 | 5,000円 | 4,000円 | 合計金額 15,000円 |
| 購入口数 | 10,000口 | 10,000口 | 10,000口 | 合計口数 30,000口 |

一万口あたり平均購入価格 **5,000円**

定期的に一定額ずつ購入すると、平均購入価格が低くなり、相場上昇時により多く資産を増やせるチャンスがあります。

### ●年齢の上限がない

**iDeCo**だと…
65歳になるまでしか積み立てできない
積み立て期間 **10年**

55歳の場合

**つみたてNISA**だと…
70歳以降も積み立てできる
積み立て期間 **20年**

今50代の人でも、70代までの20年間積立投資が可能！10年より20年のほうが、長期投資でリスクを抑えることができるよ。

※2024年からの新しいNISAは生涯投資枠の範囲内で無期限で積み立てできる

Topic 5

## 長期・積立・分散投資に適した商品ラインアップ

# 金融庁が認めた商品のみ購入できる

### 投資信託で手軽に分散投資

はじめて投資をする方におすすめの商品は、投資信託です。投資信託は、**投資家から集めたお金を専門家が代わりに運用する商品**のことです。運用で利益がでれば利益の一部が受け取れますが、損失が出れば元本割れする可能性もあります。

つみたてＮＩＳＡでは、投資信託で運用を行います。投資信託のメリットは、**１本で分散投資の効果が得られる**こと。１本の投資信託は数十、ときには数百以上の商品を組み入れています。そうすることで、仮にどれかが値下がりしても、他のどれかの値上がりでカバーするのです。これは、商品の値動きと上手く付き合うための重要な考え方です。

### 資産形成に役立つ商品が買える

つみたてＮＩＳＡで買える商品は、**金融庁の定める基準を満たし、届け出が行われたもののみ**です。

金融庁の基準は左図のとおりです。つみたてＮＩＳＡでは、長期・積立・分散投資によって、資産形成の役に立つと考えられる商品を買うことができます。

投資先があらかじめ長期・積立・分散投資に適した約２００本に絞られていることから、初心者でもぐっと選びやすくなっています。

Memo

世の中で販売されている投資信託は6000本以上もあります。その中で、金融庁がつみたてNISAで購入できる商品として認めているのが、投資信託218本、ETF（上場投資信託）7本です（2023年4月10日時点）。

# つみたてNISAで購入できる商品とは

## 投資信託のしくみ

## つみたてNISAで購入できる商品の条件

| 対象 | | | 購入時手数料 | 信託報酬 | その他の要件 |
|---|---|---|---|---|---|
| 公募株式投資信託 | パッシブ型（インデックス型） | 国内資産 | ノーロード（解約手数料ゼロ） | 0.50%以下 | |
| | | 海外資産 | | 0.75%以下 | |
| | アクティブ型 | 国内資産 | | 1.00%以下 | ・純資産額50億円以上<br>・信託開始5年経過<br>・信託期間の2/3で資金流入超 |
| | | 海外資産 | | 1.50%以下 | |
| 上場投資信託（ETF） | 国内ETF | | 1.25%以下（口座管理料ゼロ） | 0.25%以下 | ・円滑な流通のための措置が講じられているとして取引所が指定するもの<br>・最低取引単位1,000円以下（るいとう） |
| | 海外ETF | | | | ・資産残高1兆円以上<br>・最低取引単位1,000円以下（るいとう） |

※2024年からの新しいNISAのつみたて投資枠で購入できる商品は、現行のつみたてNISA対象商品と同様

**基本要件**

- 信託期間が無期限もしくは20年以上
- 毎月分配型ではないこと
- 複数の銘柄の有価証券や複数の種類の特定資産に分散
- 長期分散投資に適した株式や投資信託
- 金融庁への届出

Topic 6

## つみたてNISAの投資金額を上限まで活用しよう

# 投資金額は多いほうがメリット大！

### 運用益も非課税金額も増える

つみたてNISAは100円からできる金融機関もあります。投資を試したい方にはありがたいしくみです。しかし、**お金を増やすなら、できるだけ多くの資金で投資をしたほうがいい**でしょう。

仮に、毎月1000円、毎月5000円、毎月1万円ずつ、20年間投資を続け、年利4％の利益が得られたとします。毎月1000円の場合に比べて、投資金額が5倍・10倍になれば、当然ながら、受け取れる利益の額も5倍・10倍になります。

さらに、つみたてNISAでは運用益が非課税です。この非課税になる金額も、運用益が多いほど多くなります。

### 投資金額は少しずつ増やしていこう

積立金額は大きいほうがいいとはいっても、資金を準備できない方もいるでしょう。つみたてNISAは堅実な投資ですが、それでも元本が減る局面や不測の事態もありえます。そのため、**無理のない金額でスタートして、慣れてきたら少しずつ積立金額を増やすのがおすすめ**です。

なお、将来の目標金額がはっきりしている方は、金融庁の「資産運用シミュレーション」を使ってみましょう。「積立期間」「想定利回り（利率）」「目標金額」を入力すると、毎月必要な積立金額が計算できます。

Memo

仮に毎月3万3,333円を20年間積立投資し、年４％の利益が得られた場合、資産の合計は1,222万5,699円。そのうち利益は422万5,699円、非課税になった額は85万8,450円にもなります。

## 投資金額によって利益は変わる！

### ●例：毎月1,000円・5,000円・1万円を20年間投資し、年利４％の利益が得られた場合の資産比率

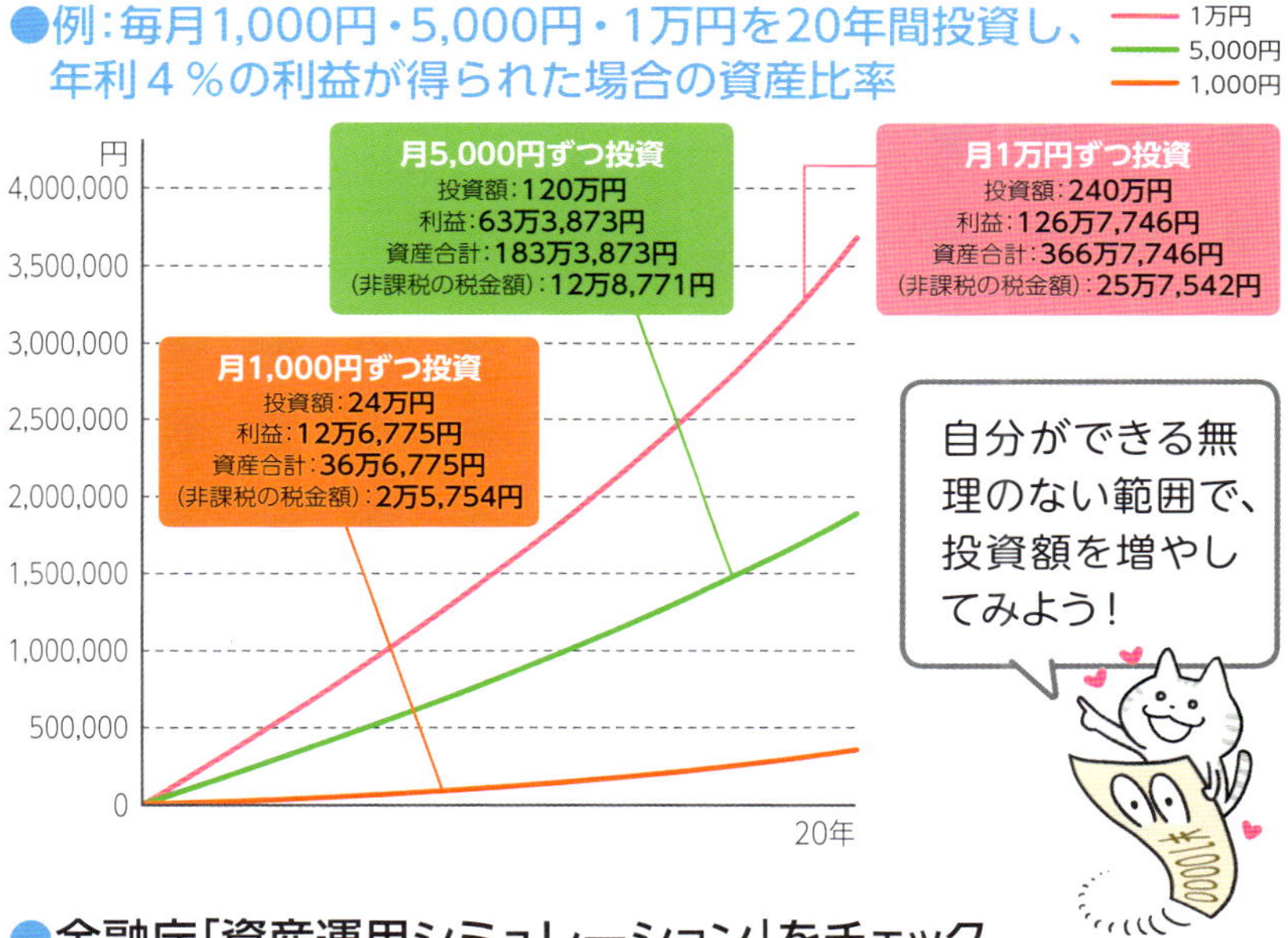


### ●金融庁「資産運用シミュレーション」をチェック

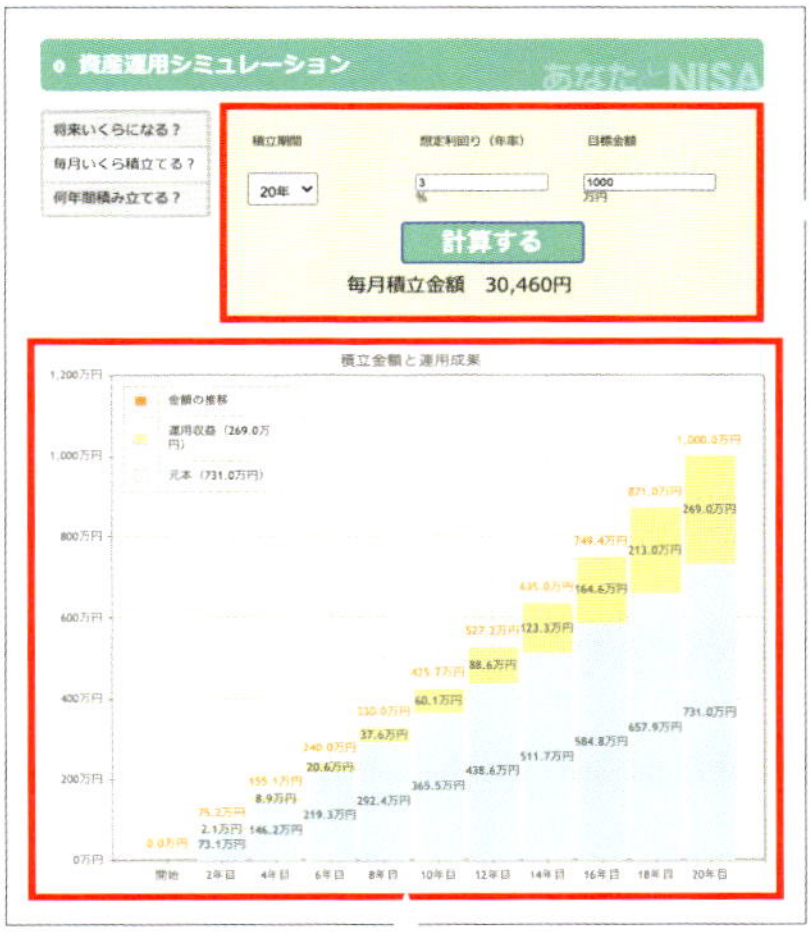


積立期間・想定利回り（年率）・目標金額を入力して「計算する」を選択

運用成果がグラフで表示される。
水色は元本、黄色は運用収益を表す

Topic 7

# 値下がりには長期投資で立ち向かう

## マイナスにならない!? 20年投資の効果

### リスクがないとお金は増えない！

銀行の預金とは違って、投資にはリスクが存在します。ただ、このリスクは「危険性」という意味ではありません。投資の世界における**「リスク」には「投資の結果（リターン）のブレ幅」という意味があります。**お金が増えたり減ったりする可能性、といってもいいでしょう。

一方で銀行の預金には、リスクがほとんどありません。ですが、減らない代わりに大きく増えることもありません。確かに、投資にはリスクがあります。しかし、これから自分でお金を増やしていくなら、リスクある商品の力が必要なのです。

### 長期投資が値下がりのリスクを抑える

つみたてＮＩＳＡで長期・積立・分散投資をすると、値下がりのリスクを減らし、堅実に利益を得ることが期待ができます。

左図の金融庁の資料を見てみましょう。これは、複数資産に分散して１００万円分を積立投資したとき、保有期間５年間と保有期間20年間で、収益率がどう変わるかを示しています。５年間の場合では、元本割れになっているケースがありますが、20年間の場合はマイナスがなくなり、年率２〜８％の収益を得られています。つまり、**長期投資には値下がりのリスクを抑える効果がある**、ということです。

用語解説

**元本割れ：**投資した商品が値下がりするなどして、投資した金額を下回ること。投資は、お金が増える可能性がある一方、元本割れする可能性もある。なお、元本割れしない銀行預金などは「元本保証」されている商品のこと。

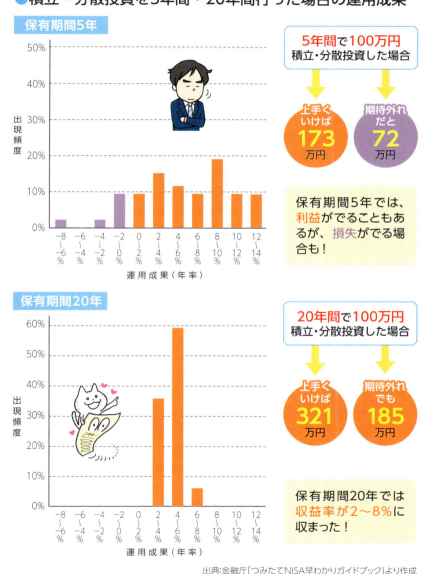

## 長期・積立・分散で元本割れリスクが低くなる

### ●積立・分散投資を5年間・20年間行った場合の運用成果

**保有期間5年**

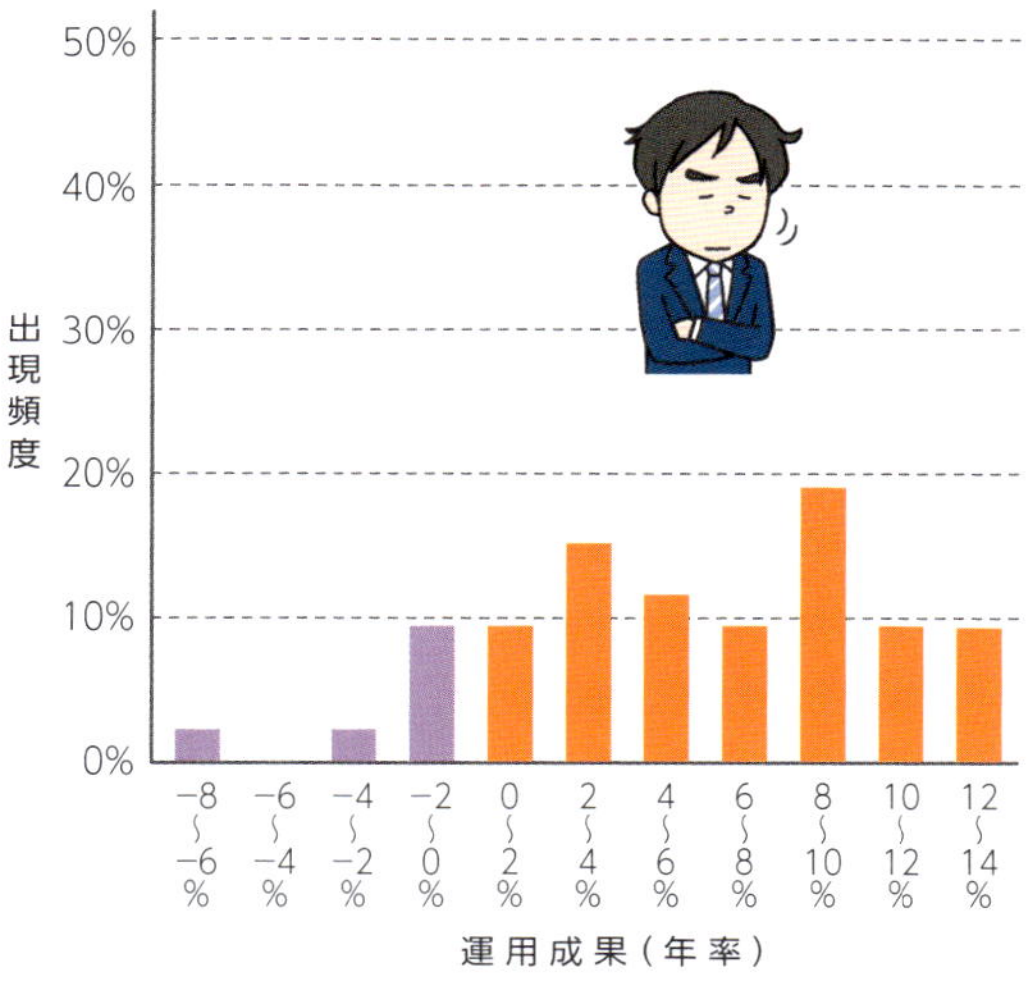


5年間で100万円
積立・分散投資した場合

上手くいけば
173万円

期待外れだと
72万円

保有期間5年では、利益がでることもあるが、損失がでる場合も！

**保有期間20年**

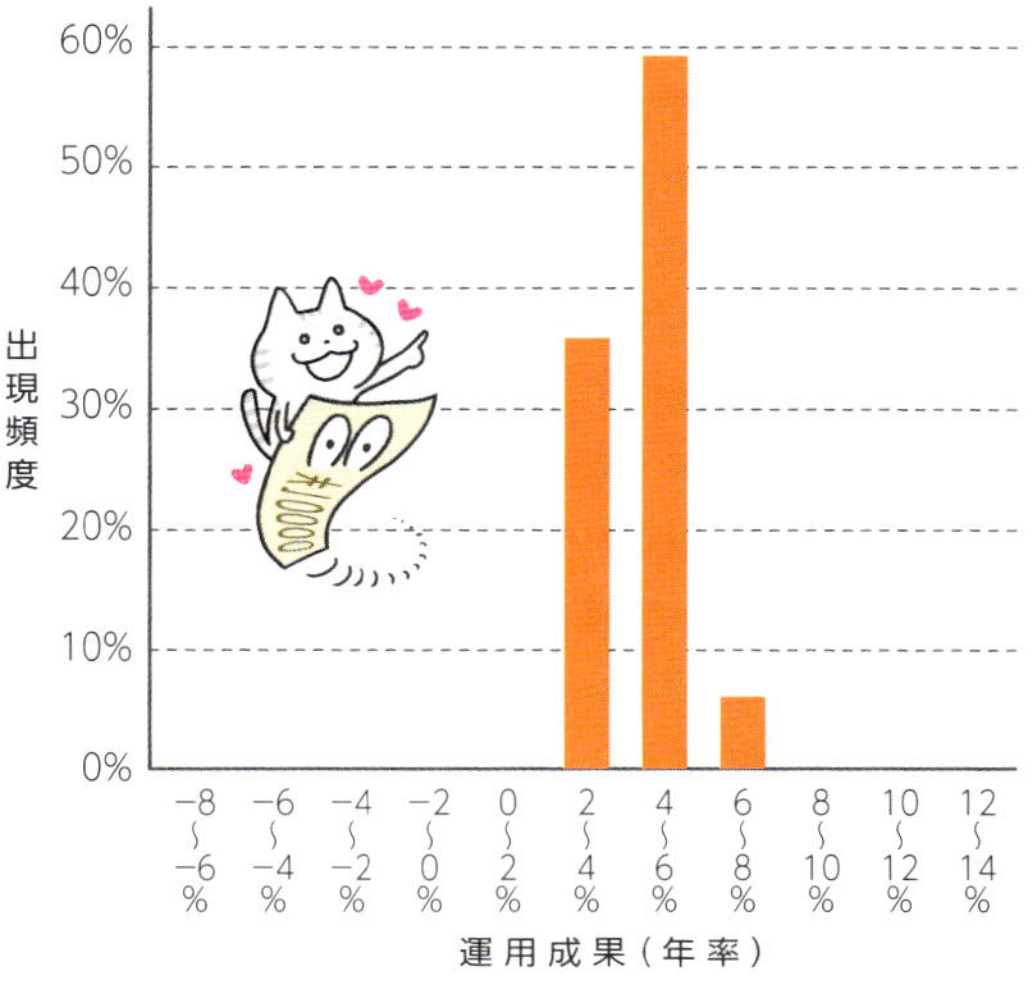


20年間で100万円
積立・分散投資した場合

上手くいけば
321万円

期待外れでも
185万円

保有期間20年では収益率が2〜8%に収まった！

出典:金融庁「つみたてNISA早わかりガイドブック」より作成
上記は過去の実績をもとにした算出結果であり、将来の投資成果を予測・保証するものではありません

Topic 8

## 値上がり益、分配金・配当金、株主優待でおトクに生活

# 投資で手に入る「3つの利益」

### 儲けのポイントは3つある

投資信託や株式に投資した際に得られる利益には、大きく分けて3つあります。

**ひとつめは、値上がり益**です。投資信託の値段(基準価額)や株式の値段(株価)は、日々の取引で上下に動きます。そのため、売るときに買ったときよりも値上がりしていたら、その値上がりした金額分が利益になります。

**2つめは、分配金(投資信託)・配当金(株式)**です。これらは、投資や事業が上手くいったときに、投資家に還元される分け前のようなものです。

**3つめは株式投資限定の利益、株主優待**です。これは株主へのプレゼントのようなもの。自社製品の詰め合わせや金券などが株主に贈られます。日本の上場企業の約1400社あまりが株主優待制度を導入していますが、実施していない会社もあるので、投資する前に確認しておきましょう。

### NISAなら非課税に!

これら3つの利益は、実はNISAを使わなくても得られます。しかし、NISAを利用していれば、**値上がり益も分配金も配当金も、非課税にできます。**税金が引かれないということは、その分利益が増えるということ。お金を効率よく増やすことができるのです。

Memo

投資信託の分配金は、自動的に再投資が可能です。これにより投資の利益で新たな利益を生む複利効果(→P108)も得られます。

## 投資で得られるさまざまな利益

### ①値上がり益
**（キャピタルゲイン）**

値動きする商品を安いときに買って、高くなってから売ることで儲かる

買い売りの差額が利益

### ②分配金・配当金
**（インカムゲイン）**

利益の一部が還元される

### ③株主優待
**（株式投資のみ）**

製品の詰め合わせや商品券がもらえる

※②・③はない場合もあるので要チェック

NISAで投資信託を買ったり、株式投資をしたりしていれば、①②ともに非課税になるのでおトクです！

Topic 9

# 非課税投資枠の注意点を知っておこう

## NISAの枠は使い切り! 余っても持ち越せない

### 非課税投資枠は再利用不可!

現行NISAの**非課税投資枠は買った金融商品を売っても再利用できません。**たとえば、つみたてNISAで20万円分の金融商品を買って同年内に売っても、その年の非課税投資枠の残りは20万円のままになります。40万円には回復しませんので、買うとき、売るときには注意してください。

また、使い切れなかった非課税投資枠は**翌年に持ち越すことができません。**たとえば、今年つみたてNISAで20万円しか投資しなかったから、翌年に60万円分投資する……といったことはできないのです。

なお、2024年からの新しいNISAでは、**新たに設けられる「生涯投資枠」が売却の翌年に復活。**いったん商品を売却し、生涯投資枠の総枠に空きができると、その分はまた非課税で投資ができます(→P64)。

### 非課税投資枠はどんどん使おう

**非課税のメリットを大きくするには、毎年の非課税投資枠をなるべく使い切ることが重要。**少額で投資をスタートするという方も、慣れてきたら徐々に投資金額を増やして、できるだけ非課税投資枠を使い切りましょう。

つみたてNISAでは、非課税投資枠をぴったり使い切る増額指定も可能。ぜひ積極的に活用してみましょう。

用語解説

**増額指定:**つみたてNISAに投資する金額を一時的に増額すること。年2回指定できる。たとえば毎月3万円ずつ投資し、年2回5万円に増額すれば、40万円の非課税投資枠をぴったり使い切ることが可能。

## 現行のNISA非課税投資枠は使い切り

### 非課税投資枠は再利用できない

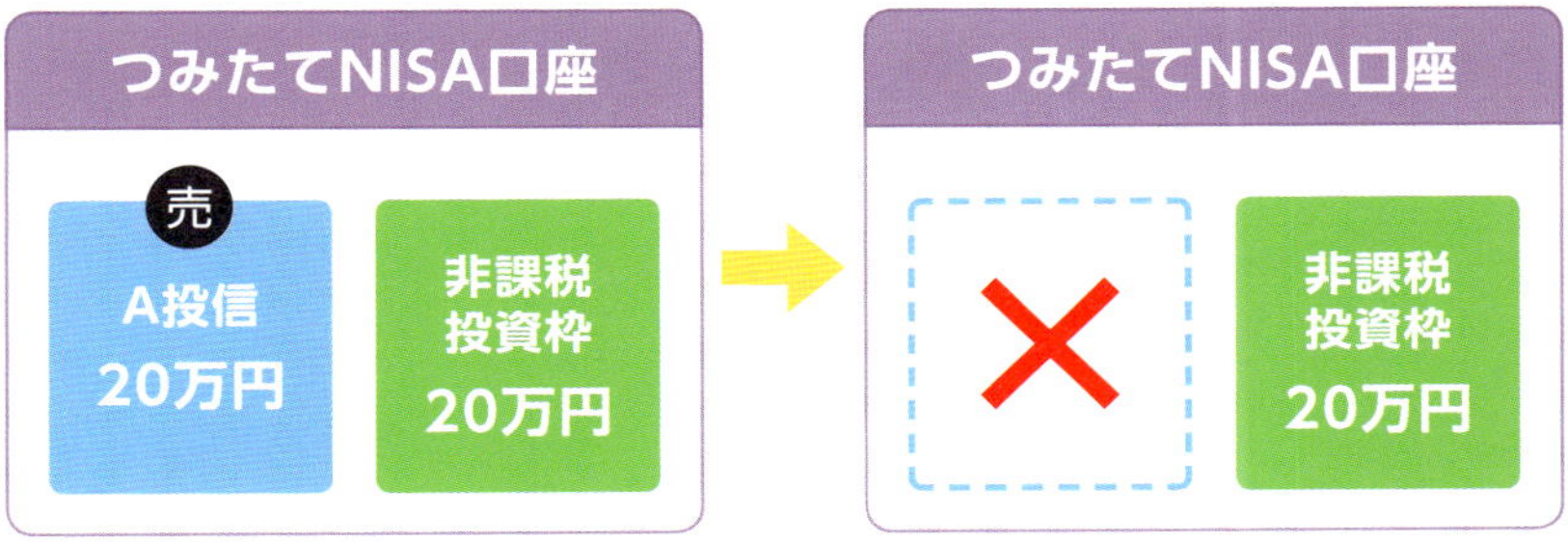


購入した年に売却しても、非課税投資枠は復活しない。この例では、この年内にあと20万円しかつみたてNISAの投資ができない。

### 非課税投資枠は翌年に持ち越せない

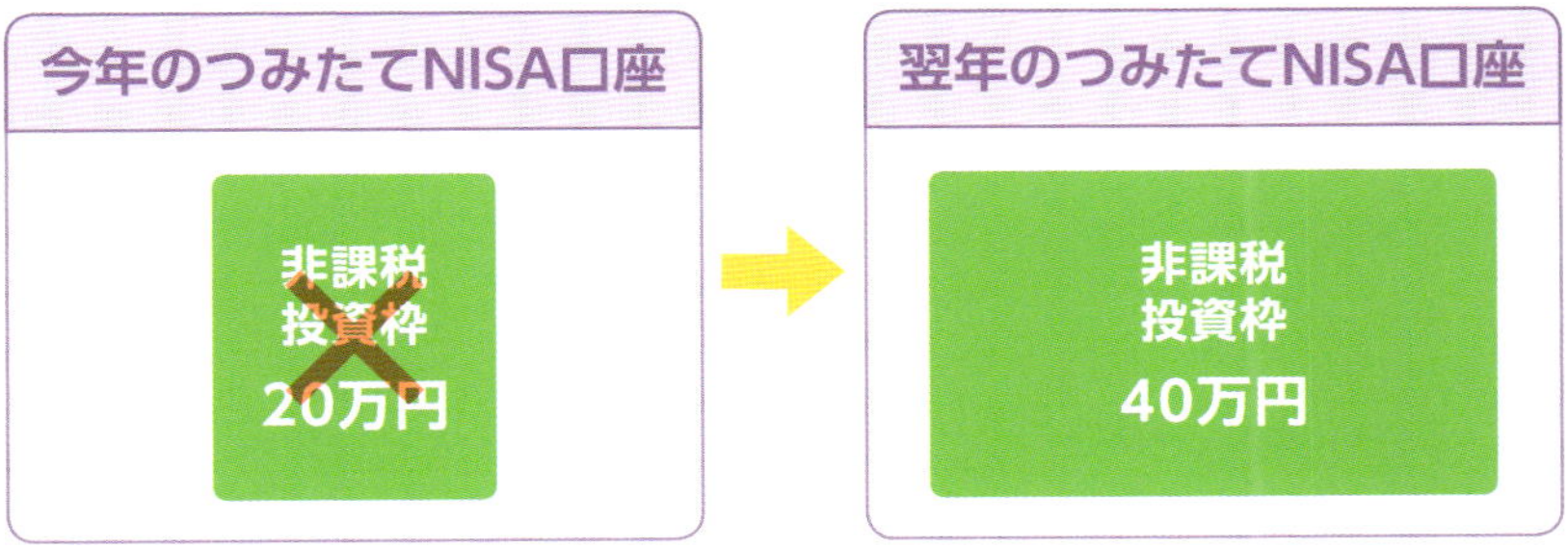


非課税投資枠は、翌年になれば新たに用意されるが、前年の非課税投資枠を翌年に持ち越せない。この例では、翌年に計60万円の投資をすることはできない。

上の図は現行のつみたてNISAの例ですが、一般NISA・ジュニアNISAでも同様です。非課税のメリットを大きくするには、毎年の非課税投資枠をなるべく使い切ることが大切です。なお、2024年から始まる新しいNISA(P64)なら、商品を売却すると非課税枠(生涯投資枠)が復活します。

Topic 10

## NISAの落とし穴に要注意！

# 税金が安くならないケースもある

### 源泉徴収も確定申告も不要だが…

株式投資や投資信託などの投資の利益が20万円を超えた場合は、利益に20・315％の税金がかかります。

課税口座（→P40）で投資している場合、この税金は、金融機関で源泉徴収するか、自分で確定申告をして納めます。

しかし、**NISAなら税金がゼロですから、源泉徴収もされませんし、確定申告も不要**です。NISAで買った商品を売ったら、あとは売却代金を受け取るだけです。一見よさそうですが、それは利益がでたときだけ。実は、**損失がでたときには、課税口座より不利になることがあります。**

### 損益通算や繰越控除ができない

複数の口座で投資すると「口座Xでは20万円の利益、口座Yでは30万円の損失」というように、利益と損失の両方がでることがあります。このとき、利益と損失を合算した税金を計算することを「損益通算」といいます。

**NISAでは、損益通算ができない**ため、左図の②のように、同じ商品を買っても課税口座側で税金が発生するケースがあります。また、損益通算しても残った損失を最大3年間にわたって繰り越し、翌年以降の利益から差し引く「繰越控除」もNISAは対応していません。

用語解説

**確定申告：**毎年１月１日から12月31日までの所得や税金を計算して、納める税額を確定すること。課税口座ででた利益が20万円超の場合、確定申告が必要だが、特定口座（源泉徴収あり）を利用すれば確定申告が不要になる。

## 損益通算ができないとどう損なの？

| | |
|---|---|
| 損益通算 | 複数の口座の利益と損失を合算した金額で税金の計算を行うこと。**NISAでは適用外** |
| 繰越控除 | 損益通算で引ききれなかった損失を最大3年間繰り越し、利益から差し引くこと。**NISAでは適用外** |

### ●例：A投信が+20万円、B投信が－30万円の場合

①両方とも課税口座で取引
…**損益通算・繰越控除できる**

| 課税口座X | |
|---|---|
| A投信 | +20万円 |

| 課税口座Y | |
|---|---|
| B投信 | －30万円 |

➡ 損益－10万円で税金は0円。損失は確定申告で繰り越しすると翌年以降の利益と相殺できる

②A投信は課税口座、B投信はつみたてNISA
…**損益通算できない**

| 課税口座 | |
|---|---|
| A投信 | +20万円 |

| つみたてNISA口座 | |
|---|---|
| B投信 | －30万円 |

➡ 損益通算できないため、損益+20万円とみなされ40,630円の税金がかかってしまう！

③両方ともつみたてNISA口座で取引
…**繰越控除できない**

| つみたてNISA口座 | |
|---|---|
| A投信 | +20万円 |
| B投信 | －30万円 |

➡ 損益－10万円、もともと税金は0円。しかし課税口座のように損失は繰り越せない！

NISAでは利益に税金がかからない代わり、損失はないものとして扱われます。そのため、損益通算や繰越控除はできません。

Topic 11

# 「一般NISA」のしくみをチェック

## 株式投資も非課税にできる！

### 株式投資も可能になる制度

一般NISAは、つみたてNISAより できる投資の幅が広い制度です。

一般NISAでは、**毎年120万円（非課税投資枠）までの投資で得られた利益に対する税金を非課税にできます。**

一般NISAでも、つみたてNISA同様に、運用益にかかる合計20・315％の税金をゼロにできます。この2つで、大きく違うのは投資できる商品の対象です。

一般NISAでは、**上場株式やREIT（不動産投資信託）にも投資ができます。**また、投資信託やETFなどでは、つみたてNISAの対象ではない商品も選ぶことが可能です。

### 長期間の積立投資には向かない？

一般NISAで非課税となる期間は5年間です。**5年を過ぎても保有し続けることは可能ですが、その後の値上がり益には税金がかかります。**

これまでは、ロールオーバーという制度を利用し、5年間保有し続けた商品をさらに5年間、非課税で保有できました。しかし、新しい非課税投資枠が減ったりなくなったりするため、長期間の積立投資にはあまり向いていませんでした。なお、NISAの制度改正によって、2024年以降はロールオーバーができなくなっています。

Memo

金融庁「NISA口座の利用状況調査」によると、2021年12月末から2022年12月末の1年間での口座の増加数は一般NISA約36万口座、つみたてNISA約207万口座。近年は、つみたてNISAのほうが多くの人に選ばれています。

## 株式投資もできる一般NISA

| | 一般NISA |
|---|---|
| 利用できる人 | 日本に住む18歳以上なら誰でも（年齢上限なし） |
| 新規に投資できる期間 | 2023年まで |
| 非課税となる期間 | **5年間** |
| 年間投資上限額 | **120万円** |
| 投資対象商品 | 上場株式・ETF・REIT・投資信託 |
| 投資方法 | 一括買い付け、積み立て |
| 資産の引き出し | **いつでも引き出せる** |

現行の3つのNISAのうち、年間投資上限額がもっとも多い制度です。株式投資など、つみたてNISAでは選べない商品も非課税にできます。

Topic 12

# ジュニアNISAは利用した方がいい？

## 子どものための資産を確保する制度

### 子どもが運用できるわけではない

ジュニアNISAは、0歳から17歳までの未成年者が利用できる制度です。**年80万円までの投資で得られた利益が最長5年間非課税になります。**とはいえ、子どもが自ら投資をするわけではありません。株式や投資信託の運用は、代理人となる親や祖父母等が行います。

当初は、子や孫の将来のために資産形成をしましょう、という触れ込みだったのですが、利用者の数は伸び悩んでいました。18歳までは原則として払い出せないのがその要因といわれています。ほかのNISA制度同様、2023年末に廃止されます。

### 払い出し制限が解除される!?

**2024年以降は、18歳までの払い出し制限が撤廃され、自由に引き出せるようになります。**また、2024年以降は、自動的に「継続管理勘定（ロールオーバー専用勘定）」へ移管するため、**子や孫が18歳になるまでは、引き続き非課税で保有できます。**

しかし、ジュニアNISAの資産は一度にすべて引き出すルールですし、今から始めても新規で投資をできる期間は1年もありません。教育費等を確保したいなら、2023年の1年だけジュニアNISAを利用するよりも、新しいNISAの制度で親が投資したほうがよいでしょう。

Memo

金融庁によると、2014年開始の一般NISAは約1079万口座、2018年開始のつみたてNISA口座は約725万口座あるのに対し、2016年開始のジュニアNISA口座は約97万口座（2022年12月末時点速報）。口座数が少ない様子がわかります。

## 2023年に廃止されるジュニアNISA

| | ジュニアNISA |
|---|---|
| 利用できる人 | 日本に住む0歳～17歳の方 |
| 新規に投資できる期間 | 2023年まで |
| 非課税となる期間 | 投資した年から最長5年間 |
| 年間投資上限額 | **80万円** |
| 投資対象商品 | 上場株式・ETF・REIT・投資信託 |
| 投資方法 | 一括買い付け、積み立て |
| 資産の引き出し | **18歳になるまで引き出し不可** |

廃止後の2024年からは引き出し制限がなくなる

ジュニアNISAの廃止後は、新規での投資はできないものの、引き出し制限がなくなり、非課税のまま商品を保有する継続管理が可能になります。

Topic 13

## NISAは制度改正で一本化！

# 2024年以降のNISA制度

### 非課税の投資がいつでもできる！

2024年から始まる新しいNISAの制度は現行の一般NISAとつみたてNISAを合わせたような制度なので、ここでは「統合NISA」と呼ぶことにします。

**統合NISAは制度が恒久化され、非課税保有期間が無期限**に。2024年以降、いつでも非課税の投資を始められます。

統合NISAの年間投資枠は「つみたて投資枠」年120万円、「成長投資枠」年240万円、合計年360万円まで増加。現行のつみたてNISA・一般NISAと違い、**つみたて投資枠と成長投資枠は併用することができます。**

### 生涯投資枠は売却翌年に復活

統合NISAでは、新たに生涯にわたる非課税限度額（生涯投資枠）が設けられます。生涯投資枠の上限は1800万円（うち成長投資枠は1200万円）です。なお、つみたて投資枠だけで非課税限度額を使い切ることもできます。統合NISAの**生涯投資枠は、商品を売却し、非課税の総枠に空きができると、翌年にその分の投資元本ベースで生涯投資枠が復活します**（ただし、年間投資枠を超える投資はできません）。現行NISAよりも売却しやすくなるため、資金を住宅資金や教育資金など、さまざまな用途に利用しやすくなります。

Memo

現行NISAの資産は、2024年以降の統合NISAとは別枠になり、現制度の非課税期間で保有できます。たとえば、2023年に投資したつみたてNISAの40万円は統合NISAの1800万円とは別に2042年まで非課税になります。

# 新しいNISAはこう変わる！

## ●現行NISAと新しいNISAの違い

| | 現行 | | 新しいNISA（統合NISA） | |
|---|---|---|---|---|
| | つみたてNISA | 一般NISA | つみたて投資枠 | 成長投資枠 |
| 対象年齢 | 18歳以上 | | 18歳以上 | |
| 投資可能期間 | 2023年末で買付終了 | | 2024年からいつでも（恒久化） | |
| 非課税期間 | 20年間 | 5年間 | 無期限 | |
| 年間投資枠 | 40万円 | 120万円 | 120万円 | 240万円 |
| 生涯投資上限 | 800万円 | 600万円 | 買付残高1800万円（うち成長投資枠1200万円） | |
| 投資商品 | 国が定めた基準を満す投資信託・ETF | 上場株式・ETF・REIT・投資信託 | 国が定めた基準を満たす投資信託・ETF | 上場株式・ETF・REIT・投資信託（高レバレッジ型投信等除く） |
| 投資方法 | 積立 | 一括・積立 | 積立 | 一括・積立 |
| 両制度の併用 | 不可 | | 可 | |
| 売却枠の再利用 | 不可 | | 可（投資元本ベースの管理、枠復活は翌年） | |

投資は早く始めて長く続けることが大切。2023年からつみたてNISAを始めて、来年以降は統合NISAで投資するのがおすすめです。

## ●生涯投資枠は売却の翌年に復活する

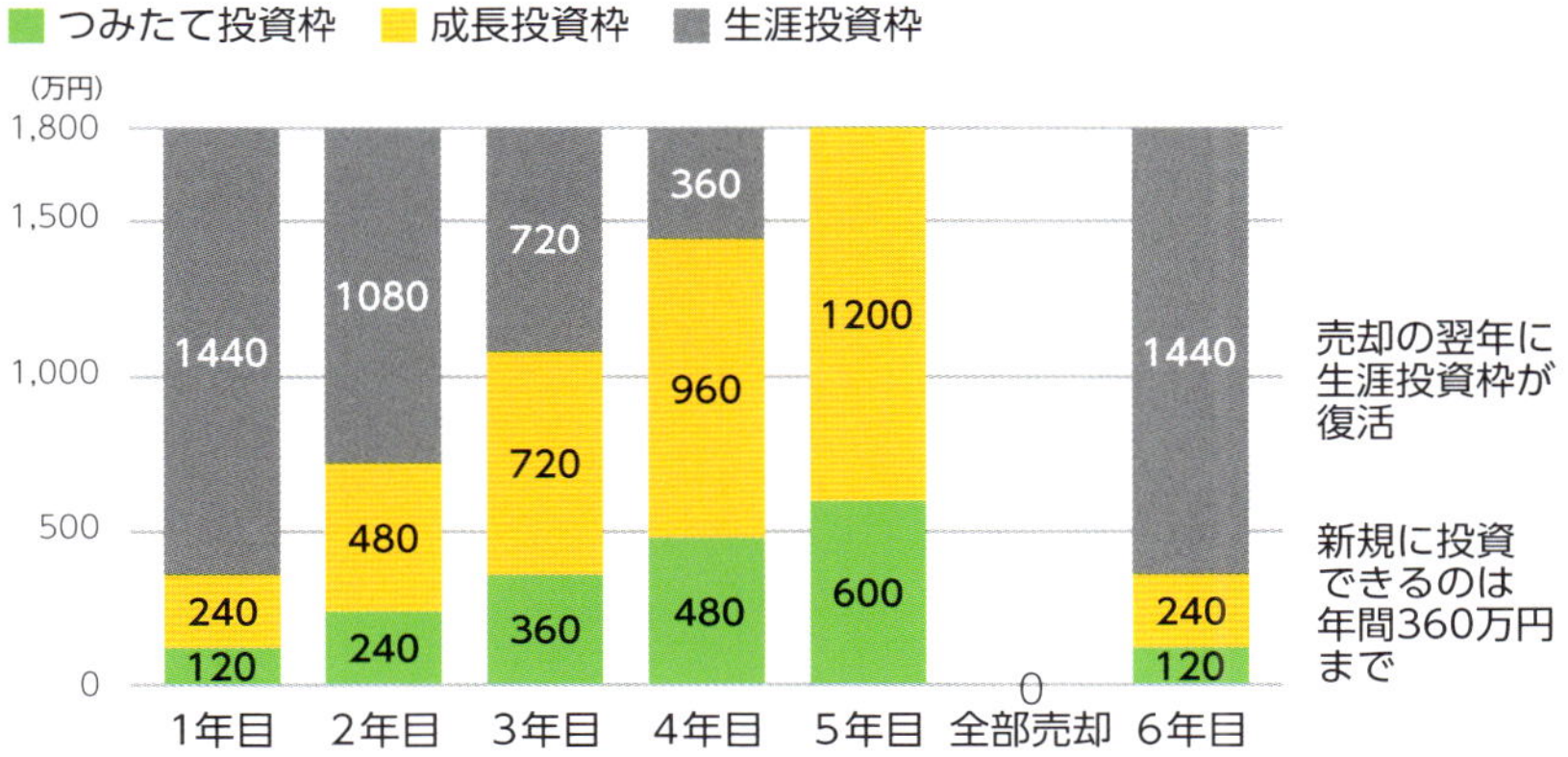

Column

## ポイントがどんどん貯まる「クレカ積立」サービス!

クレジットカードで投資信託や株式を積立購入できる「クレカ積立」のサービスがネット証券を中心に登場しています。

クレカ積立を利用すると、購入額に応じてポイントがもらえます。たとえば、還元率1%のサービスで月5万円積立投資をすれば、毎月500ポイント、年間で6000ポイントがもらえる計算。ポイントは口座振替の積立投資では得られないものですから、クレカ積立のほうがおトクです。貯まったポイントは日々の買い物などに利用したり、ほかのポイントに交換したりできます。

そのうえ、クレカ積立は毎月100円・1,000円といった少額からでもスタート可能。つみたてNISAにも対応しているので、投資の利益を非課税にして、より効率よくお金を増やしていくことができます。

クレカ積立をこれから始めるのであれば、やはりポイントの還元率が高いところを選ぶのがおすすめです。ただ、ポイントの還元率は後から変更(改悪)されてしまう場合も。すでにクレカ積立をしている場合は、ポイントのために無理に乗り換える必要性は低いでしょう。

もしくは、クレカ積立を利用することで、普段よく利用するサービスがおトクになったり、ポイントが効率よく貯められたりするクレカ積立を選んでもOK。自分にあったクレカ積立で資産形成をスタートしましょう。

### つみたてNISAで投資信託の積立ができる主なクレカ積立サービス

| 証券会社 | SBI証券 | 楽天証券 | マネックス証券 | auカブコム証券 | tsumiki証券 | セゾンポケット |
| --- | --- | --- | --- | --- | --- | --- |
| 対象カード | 三井住友カード | 楽天カード | マネックスカード | au PAYカード | エポスカード | セゾンカード・UCカード |
| 毎月の投資額 | 100円～5万円 | 100円～5万円 | 1,000円～5万円 | 100円～5万円 | 100円～5万円 | 1,000円～5万円 |
| ポイント | Vポイント | 楽天ポイント | マネックスポイント | Pontaポイント | エポスポイント | 永久不滅ポイント |
| ポイント還元率 | 0.5%～5.0% | 0.2%または1.0% | 1.1% | 1.0% | 0.1%～0.5% | 0.1%～0.5% |
| 特色 | 通常のカードは還元率0.5%、ゴールドなら1.0%(ともに年会費無料)。プラチナプリファードカードなら5%の還元率。 | 0.2%または1.0%ポイント還元(低コスト商品は0.2%)。楽天カードから楽天キャッシュにチャージして投信積立することも可能 | 100円/1ポイント+1,000円/1ポイントの高還元率。マネックスポイントはほかのポイントなどに交換可能 | 毎月の投資信託積立金額の1%を還元。Pontaポイントはコンビニのローソンをはじめ多くの店舗・サービスで利用できる | 年間積立金額に対して年1回、0.1～0.5%相当のエポスポイントが付与される。継続年数に応じて還元率が上昇 | 過去6回の積立金額合計5,000円ごとに1ポイント、月の平均積立額に応じて最大4ポイントがもらえる。ポイントはほぼ5円相当 |

2023年4月時点

第2章

# 老後資金作りの最強ツール！iDeCoのしくみ

iDeCoは国民年金や厚生年金だけでは
賄えない年金の不足分を補ってくれます。
掛金が全額所得控除となり、
所得税や住民税を減らすことができるという
iDeCo特有のメリットを活用しましょう！

# 年金作りにはiDeCoが最適!?

※制度の改正に伴い、会社員などは65歳未満まで積み立てできる

それって老後までは預けたお金を自由に使えないってことですか？
今お金が必要なの！
iDeCo
ほしい！
もちろん絶対にできないというわけではないですが…
原則引き出すことはできません
ただ年金以外にもらえる老後のお金が増えるっていうのは安心ですね
そうですねちなみにNISAのメリットは覚えていますか？
利益が非課税になることです！
そのとおりです！
ちゃんと覚えてたね
ヒャッハー
ほめられた！
それだけでもおトクですがなんとiDeCoには
3つの税制優遇制度
があるんですよ！
3つも!?
よかった

ひとつめ
まず　iDeCoは
NISAと同様に
利益が非課税に
なります
フム
フム
ふたつめ
ここからが
iDeCo特有の
制度ですが
毎月支払うお金が
全額所得控除の
対象です
イデコ
所得控除
ポン！
所得控除とは…？
給与明細を見ると
所得税や住民税が
引かれていますよね
うん
うん
うん
結構な金額が
毎月引かれて
いますよね…
見たこと
ないから
わからない…
ちゃんと
見なよ…
所得控除になると
この所得税や住民税の
支払いを減らすことが
可能です！
オレ全額
税金かかっちゃう
給料
iDeco
給料
引く
iDeCo
オレ
イデコの分
かからないよ
ピーン
つまり
給料の手取りが
増えるみたいな
ことですね！
税金が
安くなるんですね！

それだけではありません
将来iDeCoで貯めたお金を受け取るときにも退職所得控除や公的年金等控除という税制優遇を受けることで税金の節約ができます
みっつめ!
退職所得控除
iDeCo
公的年金等控除
ささ! 優遇しますよ
節税の小径
ステキ
税金高いしねー
この制度なら安心して年金を確保できそうですね!
やった!
老後が不安という方はこの制度を使って税制優遇を受けながら老後資金を準備するのが一番です!
NISAと使い分けしていきましょう!
はーい!
ニーサ
イデコ

Topic 1

# 年金の上乗せ分を自分で作る！

## 年金だけでは生活できない時代がやってくる⁉

### 国民年金と厚生年金では足りない

国が管理・運営している年金制度は公的年金と呼ばれます。この**公的年金制度は、今働いている世代（現役世代）の保険料を、高齢者世代などに支給**するというしくみです。

公的年金には、20歳から60歳までのすべての人が加入する国民年金と、会社員や公務員が加入する厚生年金があります。

会社員や公務員は国民年金と厚生年金を受け取れます。それに対し、自営業やフリーランスが受け取れるのは国民年金のみです。どちらにしても、公的年金だけでは老後の生活が成り立たないのが実情です。

### ｉＤｅＣｏで自分の年金を作ろう

不足する公的年金をカバーするために、公的年金に上乗せできる年金制度がいくつかあります。こうした年金を私的年金といいます。私的年金で活用したいのがｉＤｅＣｏ（イデコ・個人型確定拠出年金）。**ｉＤｅＣｏでは、毎月一定の掛金を支払って自分で運用し、資産を増やします。そして増えたお金を、老後（60歳以降）に受け取る**ことができます。

ｉＤｅＣｏの制度自体は２００１年からありましたが、２０１７年に加入できる人の範囲が拡大。現役世代は、ほぼ誰でも加入できるようになりました。

用語解説

**（国民年金の）被保険者：**国民年金に加入している人。大きく第１号被保険者（自営業・フリーランス）、第２号被保険者（会社員・公務員）、第３号被保険者（専業主婦（夫））に分類される。どの分類かによって、加入できる年金制度が異なる。

# 足りない年金を補うiDeCo

## ●将来もらえる公的年金の金額の平均（月額）は？

**国民年金** 男子5万9,013円・女子5万4,346円

**厚生年金**（国民年金含む） 男子16万3,380円・女子10万4,686円

厚生労働省「厚生年金保険・国民年金事業の概況」（令和3年度）より

## ●人によって入れる年金制度が違う

| 自営業者等 | 専業主婦・主夫等 | 会社員等<br>企業年金がない | 会社員等<br>確定給付型年金がない | 会社員等<br>確定給付型年金がある | 公務員等 |
|---|---|---|---|---|---|
| 国民年金<br>第1号被保険者 | 国民年金<br>第3号被保険者 | 国民年金<br>第2号被保険者 | 国民年金<br>第2号被保険者 | 国民年金<br>第2号被保険者 | 国民年金<br>第2号被保険者 |

- iDeCo（個人型確定拠出年金）
- 企業型確定拠出年金
- 確定給付型企業年金
- 退職等年金給付
- 国民年金基金
- 厚生年金
- 国民年金

公的年金だけでは、老後の生活が苦しくなることは目に見えています。iDeCoは、公的年金で不足する部分を自助努力で補うための制度です。

Topic 2

# NISAよりも強力！3つの税制優遇

## iDeCoには、特有の税制優遇制度がある

### 3つのタイミングで税金が減る

iDeCoは、老後資金を貯めるのにぴったり。国が老後資金を貯めてもらうために用意した制度というだけあって、さまざまな優遇が用意されています。

もっとも大きなポイントは、3つのタイミングで税金が節約できることです。

まず、毎月支払うお金（掛金）が全額所得控除になります。つまり、**毎年の所得税や住民税を減らす**ことができます（→P76）。

次に、運用によって生まれた利益が非課税になります。これはNISAと同じで、効率よくお金を増やすことができます。

そして、**受取時に「退職所得控除」または「公的年金等控除」という税制優遇を受けることで、税金の節約ができます**（→P80）。

### 老後資金を確実に用意できる！

iDeCoには、税金の節約以外のメリットもあります。転職・退職・結婚などで**国民年金の種類が変わっても、iDeCoで積み立てた資産を持ち運んで積み立てを継続できる**のです。また、お金を増やす商品として購入する投資信託は、手数料（→P144）が安く設定されているものが多くあります。コストは利益を確実に減らしますので、少ないほうが有利です。

いずれも、老後資金をより確実に用意するのに役立つメリットです。

用語解説

**控除：**金額を差し引くこと。税金の計算をするときには、税金の計算の基になる所得金額から、さまざまな金額を控除することで、税金の額を減らすことができる。

## iDeCoの3大節税メリット

| メリット① | メリット② | メリット③ |
|---|---|---|
| 年間の掛金 | 運用中の利益 | 年金の受取時 |
| ↓ | ↓ | ↓ |
| 全額<br>「所得控除」 | 「運用益」が<br>非課税 | 「退職所得控除」<br>「公的年金等控除」 |
| ↓ | ↓ | ↓ |
| 所得税・住民税<br>が減る | 効率よく<br>お金を増やせる | 税負担が減る |

自分のために
お金を出しながら
税金が減らせる！

NISAと同じく、
効率よく
お金が増える！

受け取るときにも
税金が
優遇される！

積立投資は早く始めて長く続けたほうが有利です。そのためには、口座開設を先にすませておく必要があるので、手続きをしておきましょう。

Topic 3

**お金を増やしながら税金を減らせる!**

# 所得控除で、どのくらいおトクになる?

## 毎年の税額はどうやって決まる?

所得税や住民税は、毎年1月1日から12月31日までの所得に対して課税されます。といっても、1年間の収入からそのまま税額を算出するわけではありません。

まず、1年間の給与収入から経費にあたる「給与所得控除」を差し引いて「給与所得」を計算します。次に、**給与所得からさまざまな「所得控除」を引いて、「課税所得」を求めます。この課税所得に税率をかけて税額が求められる**のです。

この税額は、さらに住宅ローン控除などの「税額控除」で直接差し引くことができます。そうして最終的に残った金額を納めるのですから、たくさん控除できたほうがおトクになります。

## iDeCoの掛金は所得控除の対象

iDeCoの掛金は全額、所得控除のひとつ、**「小規模企業共済等掛金控除」として、課税所得から差し引くことができます。**

たとえば、毎月2万円の掛金だと、年間の掛金は24万円になります。そして、この24万円はその年の課税所得から減額できるので、仮に所得税率が10%の人なら、所得税が2万4000円節税になります。住民税は原則一律10%(所得割)なので、こちらも2万4000円の節税に。合計4万8000円もの節税効果があるのです。

用語解説

**所得控除:**課税所得から一定の金額を差し引くこと。iDeCoの小規模企業共済等掛金控除のほかに、配偶者控除、医療費控除、寄附金控除、生命保険料控除など、全部で15種類ある。

# 掛金が全額所得控除できる

## ●税額が決まるまでの流れ

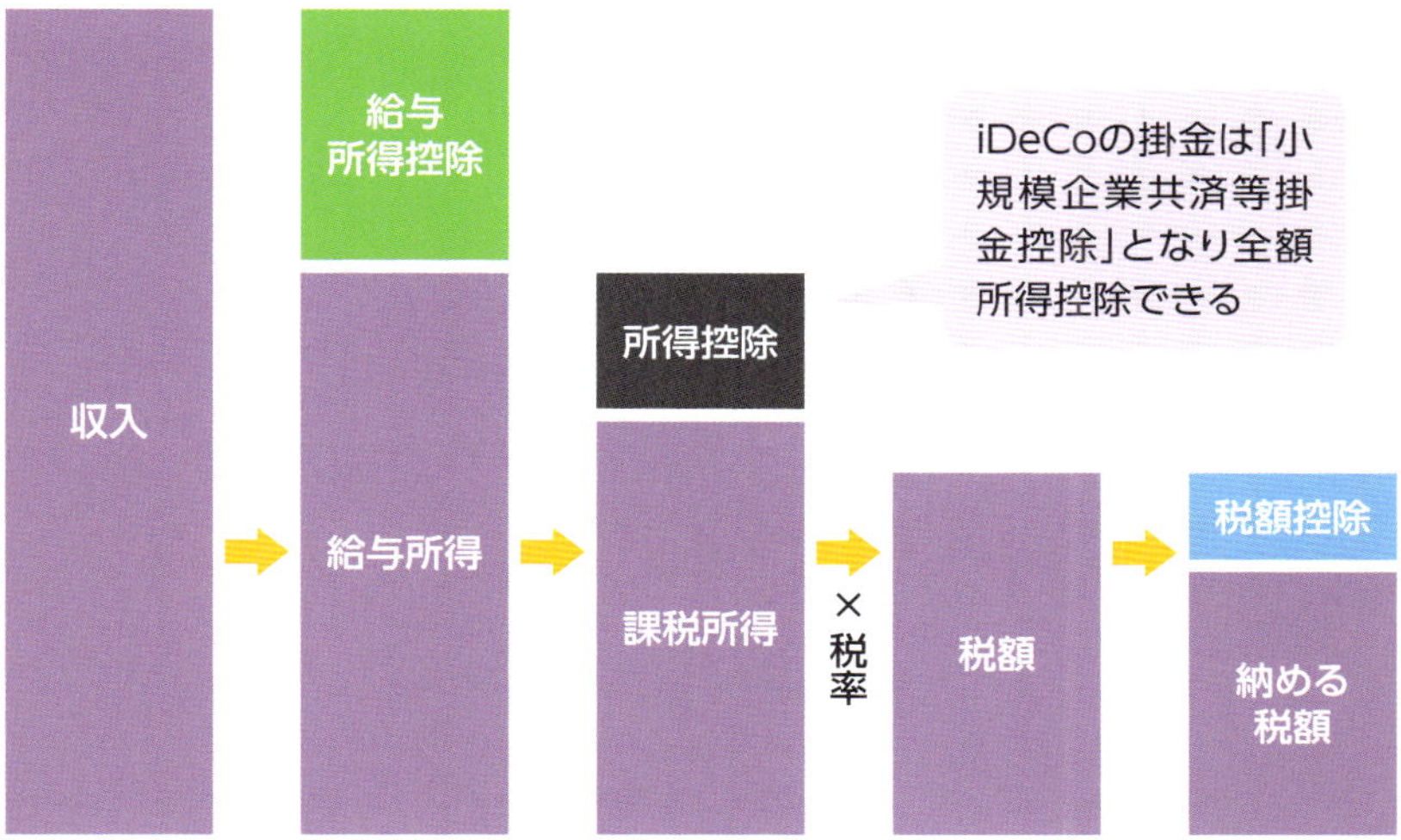


## ●例：所得税の税率が10％の人が毎月２万円ずつ積み立てた場合の節税額

| iDeCoの掛金（年額） | | （所得税率＋住民税率） | | 節税額 |
|---|---|---|---|---|
| 24万円 | × | （10％＋10％） | ＝ | 4万8,000円 |

しかも毎年節税可能！
20年続けたら**合計96万円**の節税になる

会社員の場合、年末調整すると所得税は給与とともに還付され、翌年の住民税が安くなる

この節税効果はiDeCoの掛金を支払い続ける限り、毎年得ることができるので、楽な節税ともいえます。

Topic 4

早く始めた人ほどメリットが多くなる！

# 運用益非課税の効果も長く受けられる

## 最長75年の運用益が非課税に

iDeCoは、つみたてNISAと同じように、運用益を非課税にできます。20歳から運用した場合、一時金受け取りなら75歳まで、年金受け取りならば最長95歳になるまで75年間も運用益が非課税になります。

**つみたてNISAよりも長期にわたって積立・分散投資ができるため、さらにリスクを抑えることが可能。**そのうえ、iDeCoの掛金は全額所得控除できるので、つみたてNISAよりも税金を安くできます。

20代、30代で老後のことなんて早いと思われるかもしれませんが、**iDeCoこそ早く取り組んだほうがおトク**なのです。

## 節税効果は30年で258万円

30歳の会社員（所得税10％＋住民税10％）が毎月2万円を30年間、年利3％で運用したとします。

課税口座の場合、720万円の元本が1051万円に増えます。331万円増えましたが、**iDeCoなら、節税効果によってさらに資産を増やせます。**まず、この30年間の運用中の節税額が114万円になります。さらに、所得控除によって144万円が節税できるので、合計258万円分おトク。これを1051万円に足すと、合計で1309万円。**589万円増えたのと同じ効果が得られる**のです。

---

用語解説

**源泉分離課税：**ほかの所得と分離して一定の税率で税金が源泉徴収される課税方式。課税口座の投資の運用益からは、所得税15％・住民税5％の計20％（2037年末までは復興特別所得税を含むため20.315％）が源泉徴収される。

## iDeCoを活用した場合としない場合の比較

●例：会社員Eさんが30年間、月2万円ずつiDeCoを利用し、年利3%で運用できたときの節税効果

会社員

年齢：30歳
年収：450万円
税率：20%
(所得税10%+住民税10%)

節税効果 258万円

毎月の掛金が2万円の場合 → 60歳までの積立時の節税額 144万円

年率3%(月複利)で運用した場合 → 60歳までの運用中の節税額 114万円

投資効果は…

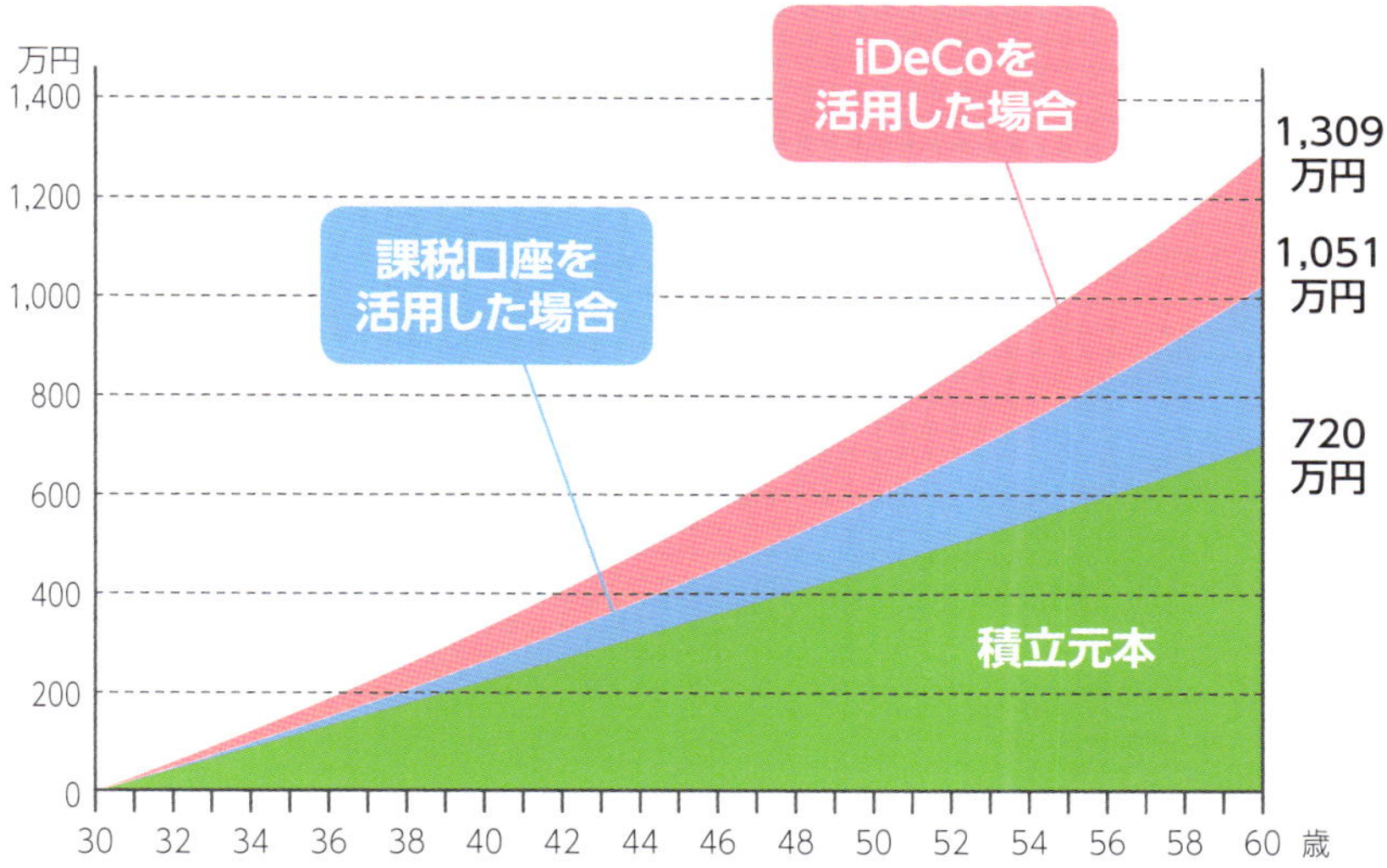


iDeCoを活用するかしないかで大きな差に！
老後資金を貯めるなら、ぜひともiDeCoを活用したいところです。

Topic 5

# 運用したお金を受け取るときにも優遇がある！

## 2通りの受け取り方で税金が安くなる

### 一時金なら「退職所得控除」

iDeCoには受取時にも税金の優遇があります。**受取方法には大きく「一時金」と「年金」があり、金融機関によっては両者を組み合わせることもできます。**また、所定の条件を満たした場合に受け取ることも可能です。一時金で受け取る場合は、「退職所得控除」が利用できます。本来、退職所得控除は会社を退職するときに利用できる控除です。ですが、iDeCoで一時金をまとめて受け取る場合にも、これと同じ控除が利用できます。このように、**掛金の支払い年数に応じて、所得税を抑えることができるのも魅力的**なポイントです。

### 年金なら「公的年金等控除」

年金形式で受け取る場合は、「公的年金等控除」が利用できます。公的年金などを含めた収入金額から公的年金等控除を差し引いて、所得金額（雑所得）を計算します。公的年金等控除は、年齢と年金の収入金額に応じて控除される金額に違いがあります。一時金、年金どちらの方法で受け取っても控除があるため、税金を減らせます。ただし、**一時金で受け取る場合も年金で受け取る場合も、金額によっては非課税になる上限額を超える可能性があります。**また、加入者が所定の障害状態となったり、死亡したりした場合も資産が受け取れます。

Memo

一時金で受け取ると税金がかかる場合は、一時金と年金の両方を利用する「併給」がおすすめ。退職所得控除の上限まで一時金で受け取り、残りは年金で受け取るようにすれば、負担を減らすことができます。

## 一時金？ 年金？ どうやって受け取る？

### ●受取方法は3つから選択する

**一時金**
一時金で受け取れる

or

**年金**
年金で受け取れる

**組み合わせもOK！**

**退職所得控除が適用**
一時金で受け取るときには、「退職所得控除」が適用になる。iDeCoの積み立て期間もしくは勤続年数によって控除額が決まる。

**公的年金等控除が適用**
年金で受け取る場合は、「公的年金等控除」が適用になる。ほかの公的年金等の収入と合計した金額に応じて控除金額が異なる。

※現在は、ほとんどの金融機関で両者を組み合わせることが可能だが、対応していない金融機関もある

年金で受け取る場合には、口座管理手数料に加え、受け取りのたびに440円（税込）の振込手数料がかかる点に注意が必要です。

### ●老齢給付金以外にも受け取れるケース

| 年金の種類 | 年金受け取りの要件 | 年金のもらい方 |
|---|---|---|
| 障害給付金 | 加入者が高度障害状態となった場合 | 年金または一時金 |
| 死亡一時金 | 加入者が亡くなった場合 | 一時金 |
| 脱退一時金 | 以下(1)～(7)の要件をすべて満たす場合<br>(1)60歳未満であること<br>(2)企業型DCの加入者でないこと<br>(3)iDeCoに加入できない者であること<br>(4)日本国籍を有する海外居住者（20歳以上60歳未満）でないこと<br>(5)障害給付金の受給権者でないこと<br>(6)通算拠出期間が5年以内、または個人別管理資産額が25万円以下であること<br>(7)最後に企業型DCまたはiDeCoの資格を喪失してから2年以内であること | 一時金 |

Topic 6

ぜひ知っておきたい複利の力

# 長く続けるほどメリットがある！

## 複利効果でお金がどんどん増える

iDeCoで得た利益は、そのまま運用に回されます。その場合、投資の元手は、掛金とともに、どんどん増えていきます。

**運用益を積立金に組み入れ、利息が利息を生んで増える効果を「複利効果」といい、長くなるほど影響が大きくなります。**

たとえば、毎月1万円を30年積み立てると、元本は360万円になります。このとき、仮に年3%で増やせたとすると、単利(元本にしか利息がつかないこと)の場合は522万円になるのに対し、複利では582万円にもなります。長い目で見ると、60万円もの差が生まれるのです。

## 20年間で資産3・3倍に！

左図は、2003年5月から2023年4月までの20年間、S&P500と同じ値動きをする投資信託を利用して月1万円ずつ積み立てた場合の資産総額を示したものです。積み立てた元本の合計は240万円。それに対して、資産の総額は約787万円になる計算です。20年間で約3・3倍に増えました。

仮にこれをiDeCoで運用していたとしたら、この**20年間の掛金はすべて所得控除になるので所得税や住民税は安くなり、運用益も非課税。受け取るときも優遇があります。**利益の金額以上におトクなのです。

用語解説

**S&P500：**米国株式市場の動向を示す、代表的な株価指数のひとつ。米国の主要な企業500社の時価総額をもとに計算される。S&P500に投資すると、これら500社に分散投資するのと同じような効果が得られる。

# 複利のパワーを活かそう！

**複利効果とは？** 運用益を積立金に組み入れることで、利息が利息を生んで増えていく効果

複利効果は期間が長くなればなるほど高まるよ！

毎月1万円を30年積み立てていく場合

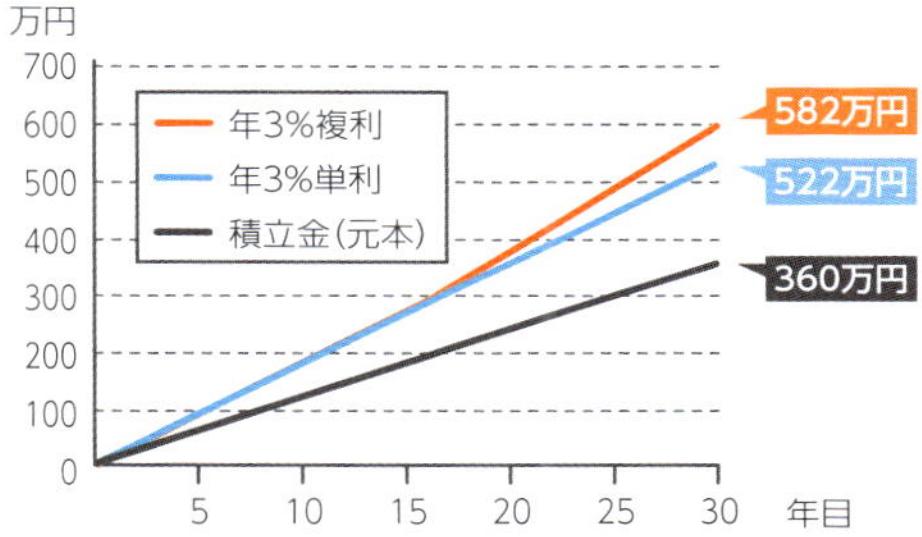


S&P500に2003年5月から2023年4月までの20年間、月1万円積み立てた場合

時間を味方につけながら、堅実に資産を増やすことができるのが長期積立の効果です。

Topic 7

## 自分の掛金の上限をチェックしよう

# 人によって掛金の上限が異なる

### iDeCoは5000円から!

iDeCoの掛金は、最低月額5000円からです。掛金の上限は左図のとおり、**加入者の国民年金のグループや企業年金の有無で細かく変わります。**なお、掛金は1000円単位で増やすことができます。

**もっとも掛金が多くできるのは、自営業・フリーランスの方や学生**など(国民年金の第1号被保険者)で月6万8000円まで。これらの方々は、サラリーマンの厚生年金にあたる部分がないため、その分、将来の保障が手厚くなるような制度になっています。

会社員(国民年金の第2号被保険者)の掛金の上限は、企業年金の有無によって変わります。公務員は月1万2000円、専業主婦・主夫など(国民年金の第3号被保険者)は月額2万3000円までです。

### 掛金は定額か月ごとを選択する

iDeCoの掛金は、**毎月定額で支払う方法(月払い)と、月ごとに決めた金額を支払う方法(年単位拠出)があります。**

毎月定額の場合は、あらかじめ設定した金額を拠出して、毎月積み立てていきます。これに対し、年単位拠出では、あらかじめどの月にいくら支払うかを届け出ることで、掛金をまとめて払う月やまったく払わない月を作ることができます。

用語解説

**企業型確定拠出年金(企業型DC):**企業年金のひとつ。勤め先の企業が毎月掛金を積み立て、従業員(加入者)がiDeCoと同じように運用を行う。そして、その成果を老後に受け取ることができる。

# あなたの掛金の上限額はいくら？

## ●自分がどこに当てはまるか確認しよう！

### 自営業者・フリーランス・学生

（国民年金第1号被保険者）

月額 6万8,000円
年額 81万6,000円

### 公務員※1

（国民年金第2号被保険者）

月額 1万2,000円
年額 14万4,000円

### 専業主婦（主夫）

（国民年金第3号被保険者）

月額 2万3,000円
年額 27万6,000円

### 会社員

（国民年金第2号被保険者）

・企業年金なし

月額 2万3,000円
年額 27万6,000円

・企業型確定拠出年金のみ※2

月額 2万円
年額 24万円

・確定給付型企業年金あり※1、※3

月額 1万2,000円
年額 14万4,000円

掛金の上限は働き方や企業年金制度により異なります。拠出限度額の範囲内で、月5,000円から1,000円単位で自由に積み立て可能です。

※1　2024年12月より月額2万円・年額24万円になる予定
※2　月額5.5万円－各月の企業型DCの事業主掛金額（月額2万円が上限）
※3　月額2.75万円－各月の企業型DCの事業主掛金額（月額1.2万円を上限）

## ●掛金の積み立て方法

### 毎月定額で積み立て

月5,000円からそれぞれの拠出限度額の範囲で、1,000円単位で毎月の掛金を指定。

| 1月 | 2月 | 3月 | 4月 | 5月 |
|---|---|---|---|---|
| ¥10,000 | ¥10,000 | ¥10,000 | ¥10,000 | ¥10,000 |

### 数カ月分をまとめて積み立て（年単位拠出）

1月から12月までの引落月の間で、任意の月に数カ月分をまとめて積み立てること。引落月や金額の指定には制約があるので、詳細は金融機関に問い合わせを！

| 1月 | 2月 | 3月 | 4月 | 5月 | 6月 |
|---|---|---|---|---|---|
| ¥0 | ¥0 | ¥30,000 | ¥0 | ¥0 | ¥10,000 |

Topic 8

## iDeCoの商品は定期預金・保険・投資信託

# どんな商品で運用できる？

### 元本確保型は定期預金と保険

iDeCoで扱っている商品は、大きく分けると元本確保型の商品と元本が変動する投資商品の2種類があります。

**元本確保型の商品には、「定期預金」と「保険」の2つがあります。** 定期預金は、通常の銀行の定期預金とほぼ同じです。満期になると元本に利息を組み入れて自動的に更新されます。一方の保険は、万が一の保障よりも貯蓄に重きを置いた商品です。

各金融機関は、通常1本は元本確保型の商品を用意しています。とはいえ、iDeCoの商品ラインアップでは、圧倒的に投資信託が多くなっています。

### お金を増やすなら投資信託

iDeCoの商品の多くは、元本が変動する投資信託で運用しています。

左図は、楽天証券のiDeCoで購入できる商品の一覧です。なお、各金融機関の商品数は、2023年5月から最大で35本までになりました。

お金を増やしたいなら、投資信託で運用するのがおすすめ。定期預金や保険ではお金が減らない代わりに、利益はほとんど増えないため、運用益非課税の効果を活かせません。その点、**投資信託なら、運用益非課税を活かし、長期・積立・分散投資でじっくり年金を育てることが可能**です。

用語解説

**ペイオフ：**預金保険制度に加盟している金融機関が破綻した場合に、預けていた金額のうち、1,000万円とその利息までは保証される。預金者を保護する方法のひとつ。

## 商品は大きく2種類に分かれる

**元本が保証されているもの**

**定期預金・保険**

iDeCoの定期預金も通常の銀行が取り扱っている定期預金と同じ。満期を迎えると、利息を含めた元本で自動的に更新されます。また、保険は貯蓄性の強い商品になります

**元本が変動するもの**

**投資信託**

投資信託は、運用環境によって値動きがある商品です。多くの人から集めたお金をひとつにまとめ、運用の専門家が国内外の株式や債券などに分散投資をしています

### ●例：楽天証券のiDeCoの商品ラインアップ（2023年4月10日時点・一部抜粋）

| 投資先 | 名称 | ファンドの管理費用（含む信託報酬・税込） |
|---|---|---|
| 国内株式 | 三井住友・ＤＣつみたてNISA・日本株インデックスファンド | 0.176% |
| | たわらノーロード　日経２２５ | 0.143% |
| | iTrust日本株式 | 0.979% |
| 国内債券 | たわらノーロード国内債券 | 0.154% |
| | 明治安田DC日本債券オープン | 0.66% |
| 国内REIT | 三井住友・ＤＣ日本リートインデックスファンド | 0.275% |
| | 野村J-REIT ファンド（確定拠出年金向け） | 1.045% |
| 海外株式 | たわらノーロード先進国株式 | 0.09889% |
| | インデックスファンド海外新興国（エマージング）株式 | 0.374% |
| | ラッセル・インベストメント外国株式ファンド（ＤＣ向け） | 1.463% |
| 海外債券 | たわらノーロード先進国債券 | 0.187% |
| | たわらノーロード先進国債券（為替ヘッジあり） | 0.22% |
| | インデックスファンド海外新興国（エマージング）債券（１年決算型） | 0.374% |
| 海外REIT | 三井住友・ＤＣ外国リートインデックスファンド | 0.297% |
| 国内外株式 | セゾン資産形成の達人ファンド | 1.54% |
| | 楽天・全世界株式インデックス・ファンド（楽天・バンガード・ファンド（全世界株式）） | 0.199% |
| コモディティ | ステートストリート・ゴールドファンド（為替ヘッジあり） | 0.895% |
| バランス型 | 三井住友・ＤＣ世界バランスファンド（動的配分型） | 1.292%程度 |
| | 三菱ＵＦＪ ＤＣバランス・イノベーション（ＫＡＫＵＳＨＩＮ） | 0.66% |
| | 投資のソムリエ＜ＤＣ年金＞ | 1.21% |
| ターゲットイヤー型 | 楽天ターゲットイヤー2040 | 0.8375% |
| | 楽天ターゲットイヤー2050 | 0.8375% |
| 定期預金 | みずほDC定期預金 | ― |

Topic 9

## 非課税枠をフル活用する秘訣

# ＮＩＳＡとｉＤｅＣｏは併用できる！

### 非課税で投資できる金額が増える

ＮＩＳＡもｉＤｅＣｏも１人１口座ですが、**この２つは併用できます。**もちろん、その分お金は必要ですが、併用すると非課税の投資金額が増えるため、資産を増やすのに非常に効果的です。仮につみたてＮＩＳＡとｉＤｅＣｏを月計５万６０００円、20年間積立投資をすると、年利５％の場合、資産総額と※節税額の合計は２４１２万円。投資をしないで預金のみだった場合とは１０００万円以上も差がでます。

※所得税率・住民税率ともに10%で計算した場合

### 年利４％で２０００万円を目指す

つみたてＮＩＳＡとｉＤｅＣｏを併用すれば、**20年で老後資金２０００万円を確保することも不可能ではありません。**

たとえば、つみたてＮＩＳＡに月３万３０００円、ｉＤｅＣｏに月２万３０００円ずつ、20年間コツコツ積み立て投資をしたとしましょう。年４％ずつ資産が増えた場合、増えた金額は節税額を抜いたとしても２０５４万円にもなります。これで２０００万円という目標はクリアです。

金融庁の試算によると、**過去20年間の長期・積立・分散投資のリターンは年率２％〜８％。**もちろん、今後もそうなる保証はありませんが、年率４％は決して不可能な目標ではないことがおわかりいただけるでしょう。

Memo

左の例で仮に課税口座で投資していたとしたら、つみたてNISA分で約104万円、iDeCo分で約73万円が税金として引かれたうえ、節税分の110万円がないことに。20年間で約287万円もの差がつきます。

## 20年の間の併用で2,000万円を目指す！

### ●つみたてNISA月3.3万円+iDeCoで月2.3万円ずつ20年間投資した場合の節税額を含めた合計額は？

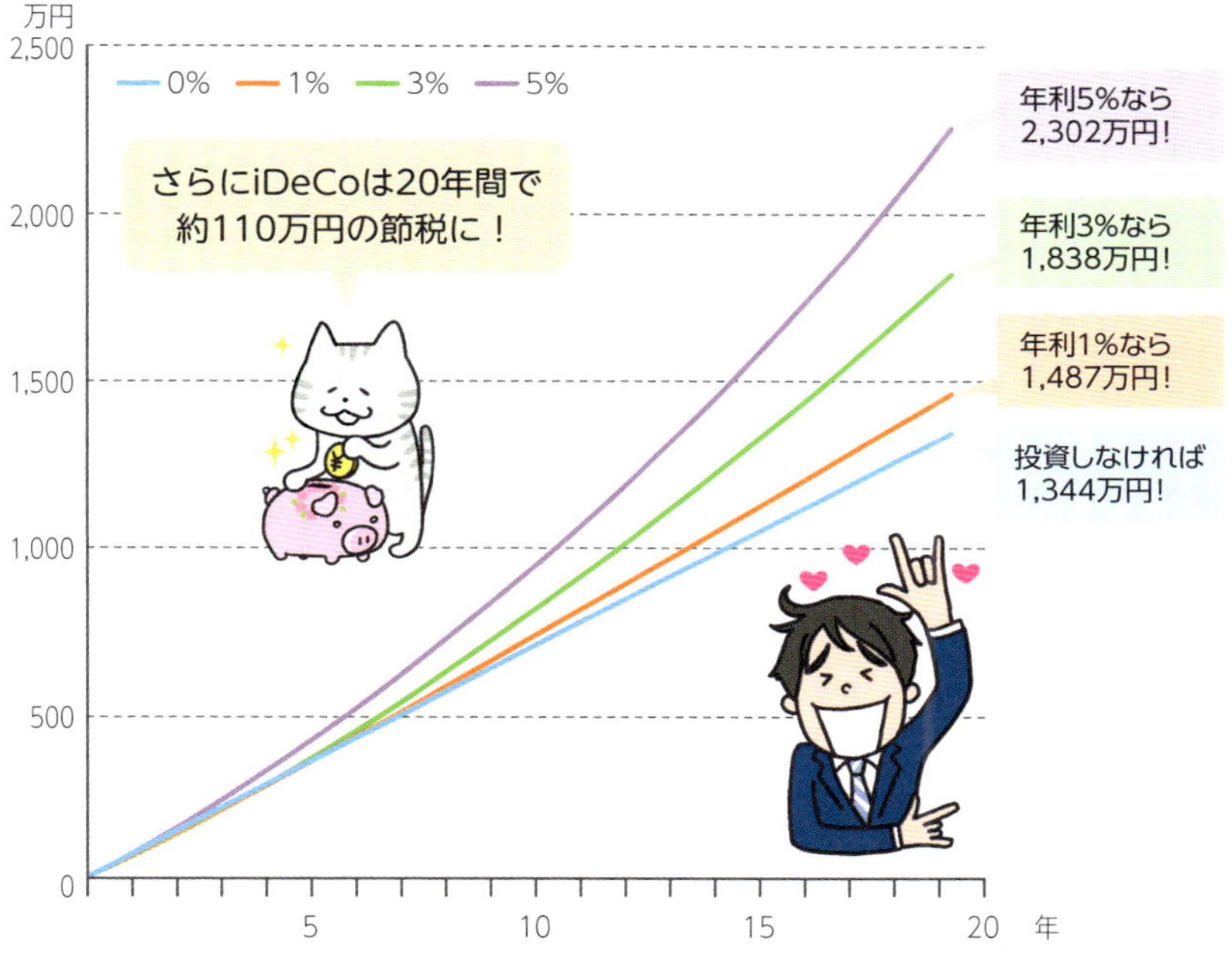


**年利5%の場合、合計額は2,302万円+110万円=2,412万円**

### ●フル活用なら年利4%で2,000万円超え

**Q. つみたてNISAに月3.3万円、iDeCoに月2.3万円、20年間投資して、年利4%だった場合の節税額も含めた合計額は？**

- 「つみたてNISA」…1,210万3,563円
- 「iDeCo」…843万5,816円
- 節税額…110万4,000円
- 合計額…**2,164万3,379円**

※所得税率・住民税率ともに10%の場合で計算

Topic 10

## 60歳まで引き出せないからしっかり貯まる

# お金が長期間固定されるのが不安？

### 確実に老後資金が用意できる

iDeCoのデメリットとしてよく語られるのは、60歳まで引き出せないこと。老後を迎えるまでには、結婚、出産、住宅購入などのライフイベントがあります。しかし、60歳まで引き出せないとなると、ライフイベントにお金を回すことができません。

ただし、これは考え方の問題です。そもそも、iDeCoは老後資金を準備する制度。60歳まで引き出せないからこそ、「ちょっとだけ使おうかな」という誘惑に負けることもないのです。**確実に老後資金が用意できると考えれば、60歳まで引き出せないのはむしろ大きなメリット**なのです。

### 60歳から受け取るには？

iDeCoの**資産を60歳で引き出すには、iDeCoへの加入期間が10年以上あることが必要**です。iDeCoの加入期間とは、iDeCoの掛金を納付した期間と、掛金の拠出をしない運用指図者だった期間の合計です。また、企業型からiDeCoに移行したなど、iDeCo加入前に別の年金制度に加入していた場合は、それらと合算した加入期間が10年以上なら、60歳から引き出し可能。60歳時点で加入期間が10年未満なら、加入期間に応じて受け取りを開始できる年齢がずれます。60歳以降の加入者は、加入から5年経過後より受け取れます。

Memo

iDeCoを含む企業年金の積立金には、本来、年1.173%の特別法人税が課せられます。現状、特別法人税は2026年3月末まで課税が凍結されていますが、もし復活すれば、年間の手数料（→P112）とともにコスト増の要因となります。

# 60歳から受け取るには、加入期間に注目！

## ●加入期間の定義とは？

**加入期間** ＝ 「iDeCoの掛け金を納付した期間」＋「運用指図者だった期間」＋「iDeCo移行前の年金制度の加入期間」

加入期間が10年以上あれば、60歳から受け取ることができる。加入期間が10年に満たない場合は、受け取り可能年齢が引き上げられる。

**運用指図者** ➡ 新たに掛金を出さず、運用の指示だけする人

iDeCoで運用指図者になる人の条件

- 60歳になった一定の人、または65歳になった人
- 国民年金の保険料を免除されている人
- 企業型DCに加入した人
(iDeCoとの同時加入が認められない場合)
- 運用指図者になることを申し出た人　など

運用指図者になっても、手数料は毎月かかるので注意！

## ●加入期間と受け取り開始年齢

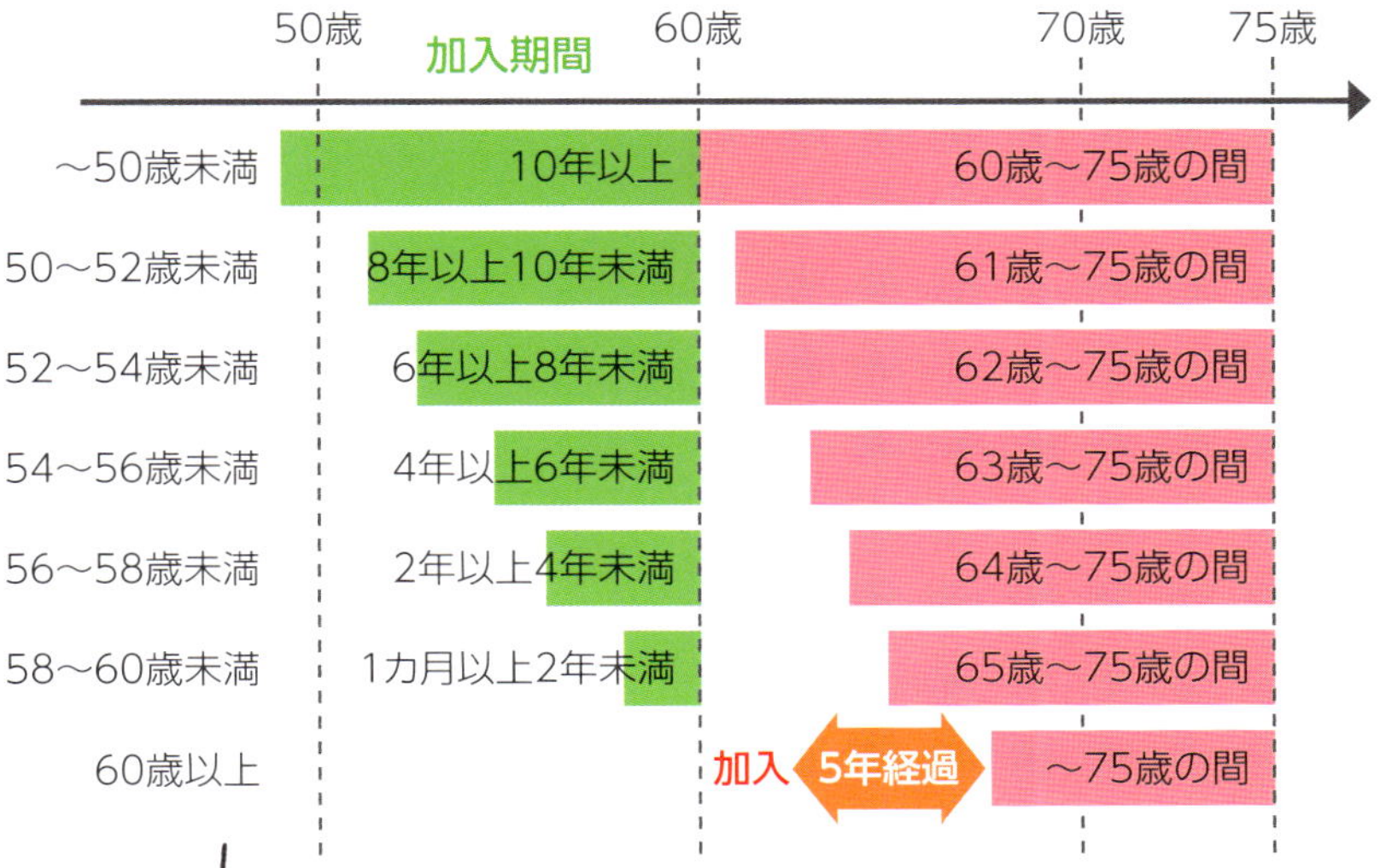

iDeCoの年金を60歳から受け取りたいなら、早く始めて長く続けることが大切です。

Topic 11

iDeCoの改正内容を要チェック!

# 2022年以降のiDeCo制度の注意点

## 一部併用できないものがある

2022年10月より、企業型DCの加入者がiDeCoに同時加入しやすくなりました。しかし、企業型DCでマッチング拠出を利用している方は要注意。**iDeCoとマッチング拠出は併用できない**からです。

マッチング拠出は、会社が支払う企業型DCの掛金に自分で上乗せできるしくみ。上乗せした掛金は所得控除できます。

マッチング拠出の掛金は、会社の掛金より多くできません。一方、iDeCoの掛金は会社の掛金にかかわらず一定額。会社の掛金額が少ない場合はiDeCoを利用したほうが掛金の上限額を増やせます。

## 60歳以降に加入できない人もいる

2022年5月より、iDeCoに加入して掛金を拠出できる年齢が「60歳まで」から「65歳まで」に5年間延長になりました。

ただ、**60歳以降にiDeCoに加入できるのは国民年金の被保険者のみ。**会社員・公務員(国民年金の第2号被保険者)と任意加入被保険者が該当します。フリーランスや個人事業主、専業主婦(夫)は、60歳で国民年金から脱退になるので、任意加入被保険者にならない限りiDeCoに加入できません。また60歳以降、公的年金の繰上げ受給・iDeCoの受給を開始した場合も、iDeCoに加入できなくなります。

用語解説

**(国民年金の)任意加入被保険者:**国民年金保険料の納付済期間が40年(480月)に満たない場合、最長で65歳までの5年間国民年金に加入できる制度。国民年金の納付済み期間が増えるため、将来受け取る年金額を増やすことができる。

# iDeCoとマッチング拠出は併用できない！

どちらかを選択！

## ●iDeCoとマッチング拠出の違い

| | iDeCoに同時加入 | マッチング拠出を利用 |
|---|---|---|
| 口座管理手数料 | 自分で負担する | 会社が負担してくれる |
| 掛金のルール | ●「会社の掛金とiDeCoの掛金」の合計は企業型DC限度額（5.5万円または2.75万円）以内<br>●iDeCoの掛金の上限は2万円または1.2万円 | ●「会社の掛金とマッチング拠出」の合計は企業型DC限度額（5.5万円または2.75万円）以内<br>●マッチング拠出の掛金の上限は会社の掛金額まで |
| 管理する口座数 | iDeCoの口座<br>企業型DCの口座 | 企業型DCの口座 |
| 運用できる商品 | iDeCoは自分で選んだ金融機関の商品<br>企業型DCは会社が提示した商品 | 会社が提示した商品 |

手数料はマッチング拠出がおトクだけど、
iDeCoなら自分が気に入った商品で運用できるよ。

## ●iDeCoとマッチング拠出の掛金のイメージ

iDeCo（上限額2万円）

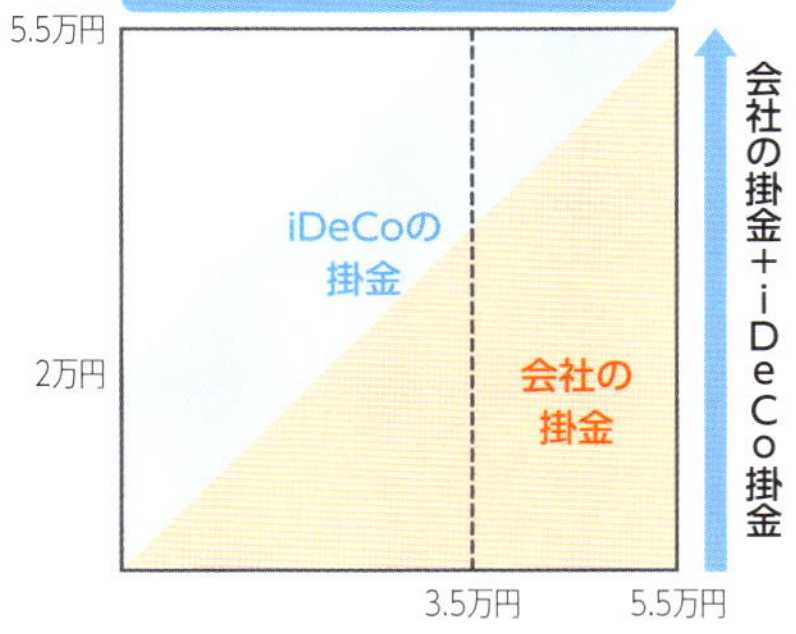


マッチング拠出

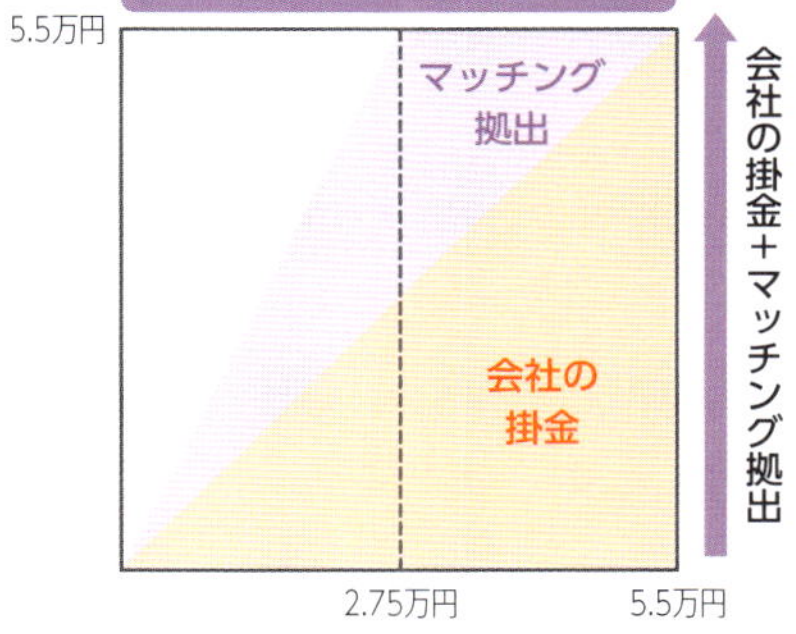


※企業型DCのみ実施している場合。企業型DCと確定給付企業年金がある場合の金額は5.5万円→2.75万円、3.5万円→1.55万円、2.75万円→1.375万円、2万円→1.2万円となる。なお、企業型DCとiDeCoを併用するには、「各月拠出」となっている必要がある

会社の掛金が少ないうちは、iDeCoを利用したほうが掛金を多くできます。会社の掛金が増えてきたら、iDeCoからマッチング拠出に切り替えて運用を続けることも可能です。

Column

## 専業主婦(夫)でもiDeCoに入るべき?

本章でも紹介したとおり、第3号被保険者である専業主婦(夫)の人もiDeCoに加入できます。加入できる金額は、年額27万6,000円までで、毎月5,000円から2万3,000円までの範囲内で設定ができます。

とはいえ、年間の収入がない、または年収100万円以下である専業主婦(夫)の人は、所得税・住民税を支払っていません。iDeCoの所得控除は加入者本人の所得税・住民税しか引くことができませんので、せっかくの節税メリットが活かせなくなってしまいます。

では、専業主婦(夫)はiDeCoは不要かというと、そうではありません。iDeCoの所得控除以外のメリットに目を向けましょう。

まず、運用益が非課税になります。仮に30歳でiDeCoに加入した場合、最長65歳になるまでお金を積立可能。一時金で受け取る場合、75歳まで受け取り開始を繰り下げられるので、45年間も非課税で長期投資ができます。さらに、75歳から20年間かけて年金で受け取る場合、受け取る前の資産は95歳まで非課税で運用できます。

また、iDeCoでは、掛金を払っていた期間に応じて、退職所得控除が適用されます(→P80)。

さらに、扱いのある投資信託のコストが一般で購入するよりも安いことです。iDeCoでは購入時手数料と信託財産留保額のかからない商品がほとんどですし、信託報酬も若干低くなっている場合があります。

そして、専業主婦(夫)が職場復帰した際に所得控除の効果が得られることもメリットです。「人生100年時代」と呼ばれる中、働き方が多様化しています。一度仕事を退職した方でも、改めて仕事を始めることもあるでしょう。そうしたときに、iDeCoを利用していれば、所得控除を受けることができます。

何より、専業主婦(夫)でも、自分自身の資産をしっかりと築いていくことは大切です。iDeCoを通じてお金を働かせることで、金銭的なメリットが手に入るだけでなく、投資が楽しいものだという気づきも得られるでしょう。

第3章

# 実践！<br>運用スタートまでのプロセス

NISAもiDeCoもスタートする際は、
いくつか難しそうな書類を提出する必要がありますが、
やってみるとそんなに難しいものではありません。
本章を参考に口座開設から
商品購入までの手順を学びましょう。

# 口座開設が最初の壁!?

―会社にて
はぁー
何へこんでるの？
YouTube
チャンネルが
炎上でもした？
先輩　そもそも
諒太のチャンネルは
炎上するほど
知られてないですよ
そうだった
失敬失敬
うぐ…
違います！
昨日
つみたてNISA
口座開設のために
ウェブをいろいろ
見ていたんですが…
お～
エライ！
行動派！
そしたら
いろんな金融機関が
山程でてきて…
有名証券
初耳証券
Net
証券
わかる！
聞いたことも
ないような
金融機関も
いっぱいあるよね
オススメは
ココだ！
あそこは
ここがよい！
ここはここがよい！
どーすりゃ
いいの？

どういう違いがあるのかもわからなくなって心が折れました…
俺は口座開設すらできない男…
ヨレ
あははは
でも私も同じ
どこがいいのか調べているだけで結構時間たったわ
気づいたら2時間とか
今のNISA口座は一人一口座！ってなると慎重になりますよね
でしょでしょ
お前ら仕事しろっ
じゃあ諒太を見習って即行動！先生に相談しに行こう！
―先生の事務所へ
頼藤先生！どこで口座を開設すればいいかわかりません！
教えてください！
口座開設すらできない俺に運用なんて…
ムリムリ
ハハハ

大丈夫です！
私がおすすめの金融機関をいくつか教えてあげましょう
ありがとうございます！
そこからどうやって金融機関をひとつに絞り込めばいいですか？
まず金融機関によって商品の取り扱いが異なるので買いたい商品があるところを選ぶのが大切です
国内株式
海外株式
国内債券
海外債券
ほほう
メモ
なるほど！
じゃあまずは買いたい商品を明確にしてみます
あとサポート体制も重要ですね平日の日中はなかなか時間がとれないでしょう？
平日
昼休みはご飯食べないと
休日
眠い…
ムニャムニャ
ぶっちゃけ相談のために貴重な有給を使いたくないなって思っていました！
まーね

なので平日の夜や休日でも問い合わせできる金融機関
夜でもやってるよ! おいでー
いらっしゃーい
または対面で相談できる金融機関が初心者にはおすすめです
金融機関
金融の相談員
私は投資したら使っているクレジットカードと同じポイントが貯まる!って金融機関に興味を持っています…!
銀行と証券会社の口座を連携すると資金の移動が便利になる金融機関もあるよね
そういう金融機関が増えていますね!
よし!
投資
クレジットカード
POINT
NISAやiDeCoをスタートしてから金融機関を変更すると時間がかかるので慎重に選びましょう!
商品の買い方も決して難しくはないですよ!
がんばります!

Topic 1

## つみたてNISAとiDeCo、どちらを優先する?

# 自分に向いているのはどの制度?

### 優先すべきはiDeCoだが……

88ページで紹介したとおり、つみたてNISAとiDeCoを併用するのがベストですが、投資するお金が限られている方もいるでしょう。その場合、**どちらを優先すべきかは、毎月の投資金額や積み立ての目的、住宅ローンの有無などで変わります。**

どちらも、運用益が非課税になりますが、iDeCoの場合はさらに所得控除によって、所得税と住民税が安くなります。ですからできればiDeCoを優先してほしいところです。しかし、iDeCoは老後資金しか貯められず、口座管理手数料がかかるのがネックです。

そこで、**投資金額が少なめ(おおむね1万円未満)の方は、まずはつみたてNISAがおすすめ。**これなら途中で換金し、老後資金以外の用途に使うこともできます。

### 株式投資なら一般NISAも検討

投資金額に余裕があり、株式投資にも興味があるなら、iDeCoと一般NISAを併用してもOK。特に2024年からは**成長投資枠とつみたて投資枠を併用できる**ようになります。つみたて投資枠を活用しながら、投資金額の一部は成長投資枠で株式投資を行うことで利益の積み増しが狙えます。ただし、株式は投資信託よりも値動きが大きい傾向にある点を留意しましょう。

Memo

住宅ローン控除を利用している人の場合は、iDeCoを利用すると住宅ローン控除の枠を使いきれなくなるケースがあることにも注意しましょう。

## 各税制優遇を優先すべき人

| | |
|---|---|
| つみたてNISAを優先したほうがいい人 | ・毎月の投資金額は少ない人（1万円未満）<br>・老後資金以外の資金を貯めたい人<br>・所得のない人<br>・55歳以上で長期投資をしたい人 |
| 一般NISAを優先したほうがいい人 | ・まとまった金額を投資したい人<br>・毎月5万円以上投資できる人<br>・個別株など幅広い商品に投資したい人<br>・老後資金以外の資金を貯めたい人<br>・所得のない人 |
| iDeCoを優先したほうがいい人 | ・所得のある人<br>・毎月1万円以上投資できる人<br>・老後資金を貯めたい人<br>・住宅ローン控除が適用されていない人 |

住宅ローン控除によって、所得税や住民税がない、または少ない場合は、iDeCoによる所得控除の効果が低くなってしまうことがあります。ただし、住宅ローン控除は13年※で終わってしまうので、その後も所得控除を受けたいときは、iDeCoを活用しましょう。

※ 住宅ローン控除が10年で終わる対象者もいる

**27歳／独身**
結婚・住宅購入に備えて
月1万円を投資
↓
**つみたてNISA**が
おすすめ！

**35歳／4人家族／子ども2人**
老後資金に備えて
月2万円を投資
↓
**iDeCo**が
おすすめ！

**40歳／夫婦**
資産形成を目指して
月5万円を投資
↓
**つみたてNISA・iDeCo**
の併用がおすすめ！

Topic 2

つみたてNISA編①

# つみたてNISAスタートまでの流れ

## ウェブサイト上で口座開設手続き

現行のつみたてNISAをスタートするには、金融機関でつみたてNISA口座を開設する必要があります。つみたてNISA口座は、証券会社なら証券口座、銀行なら普通預金口座・投資信託口座と一緒に開設します。これらの口座を保有していない場合は、先に開設しておく必要があります。

**口座開設の手続きは、ウェブサイト上でできる金融機関がほとんど**です。まずは、口座開設ページにアクセスし、住所・氏名などを記載して上記の口座開設を申し込みしましょう。さらに、**本人確認書類とマイナンバーの写しを提出します。**本人確認書類として利用できる書類は、運転免許証や健康保険証、パスポートなどが一般的です。スマホで本人確認書類の写真を送信するだけで提出が完了する金融機関もあります。

## 即日で運用が開始できるところも

金融機関のウェブサイトにログイン後、つみたてNISA口座を申し込み、本人確認書類を提出します。受付完了後から運用ができます。なお、証券口座（普通預金口座・投資信託口座）の開設と同時につみたてNISA口座の手続きができる便利な金融機関もあります。近年は、**簡易NISA口座の手続きにより、最短即日で運用がスタートできる**ようになっています。

用語解説

**簡易NISA口座：**即日買付制度ともいわれる。NISAの利便性向上のため、2019年1月からスタートした制度。税務署における二重口座でないことのチェックを待つことなく、NISA口座の開設・取引の開始を可能としている。

# つみたてNISA口座開設までの流れ

## ●証券会社の例をチェック！

1 **証券会社のウェブサイトにアクセスし、必要事項を記入**

画面の指示にしたがって、間違いのないように入力しましょう。間違いがあると、提出し直しになって時間がかかってしまいます。

2 **本人確認書類・マイナンバーの写しを提出**

後日届く申込書に必要書類のコピーを添えて返送。スマホで撮った画像をアップロードするだけで提出できるところも多くあります。

3 **証券口座開設後、つみたてNISA口座申込資料を請求**

証券口座が開設できると、ログインのIDとパスワードが記載された用紙が届きます。これを使って証券会社のウェブサイトにログインし、申し込みます。

4 **必要事項を記入し、本人確認書類・マイナンバーの写しを提出**

申請後、証券会社を通じて税務署による審査が行われます。

5 **審査後、問題なければつみたてNISA口座開設**

口座開設手続き完了のお知らせが届けば、つみたてNISA口座の開設は完了。投資信託を選んで購入することができます。

## ●口座開設完了までにかかる期間

- 証券口座とつみたてNISA口座を同時に開設：**1週間程度**
- 証券口座保有者がつみたてNISA口座のみ開設：**1～2日程度**

つみたてNISAが最短即日で始められる！

簡易NISA口座開設に対応しているのはつみたてNISAと一般NISAのみ。ジュニアNISAは対応していません。

Topic 3

## つみたてNISA編②

# つみたてNISAの金融機関選び

### 金融機関によって商品が異なる

銀行・証券会社・保険会社など、つみたてNISAを取り扱う金融機関はたくさんあります。しかし、つみたてNISA口座は1人1口座しか持てません。ですから、**どこでつみたてNISAをスタートするかは重要**です。というのも、金融機関によってサービスが異なるからです。

一番注意したいのは、**金融機関によって取り扱いのある商品が異なる**ことです。ネット証券では、対象の商品の大部分を扱っています。一方、店舗型の銀行や証券会社では、商品を絞りこんでいます。**買いたい商品のある金融機関を選ぶことが何より大切**です。

### 最低投資金額やサポートにも注目

次に**チェックしたいのが、最低投資金額**です。多くの金融機関では、つみたてNISAを最低1000円からスタートできますが、100円からできるところもあります。さすがに、100円だけではあまり増えませんが、まずは少額で試し、慣れたら徐々に投資金額を増やすということができるので安心です。

さらに、**サポート体制の充実度やキャンペーンもチェックしましょう。**平日の夜や休日でも問い合わせできたり、対面で相談できたりすると、初心者でも安心です。

用語解説

**ネット証券：**店舗を持たず、インターネット上だけで営業を行う証券会社。スマホやパソコンを使って、自分で取引をすることが可能。店舗の維持費や人件費などがかからない分、手数料が安いのが特徴。

## おすすめの金融機関はどこ？

| ネット証券 | SBI証券 | 楽天証券 | マネックス証券 |
|---|---|---|---|
| 取り扱い商品数 | 192本 | 190本 | 167本 |
| 最低投資金額 | 100円 | 100円 | 100円 |
| 積立頻度 | 毎日・毎週・毎月 | 毎日・毎月 | 毎日・毎月 |
| サポート体制 | ・コールセンター※<br>平日8時～17時<br>・AIチャット | ・コールセンター※<br>平日8時30分～17時<br>・AIチャット | ・コールセンター<br>平日8時～17時<br>・AIチャット |
| 保有特典 | ・Tポイント<br>・Pontaポイント<br>・dポイント<br>・JALのマイル | 楽天ポイント | マネックスポイント |

※投信・NISAに関する質問は土日9時～17時（年末年始除く）も受付している

| 店舗銀行 | イオン銀行 | ろうきん（労働金庫） |
|---|---|---|
| 取り扱い商品数 | 20本 | 13本 |
| 最低投資金額 | 1,000円 | 5,000円 |
| 積立頻度 | 毎月 | 毎月 |
| サポート体制 | ・コールセンター＆窓口<br>年中無休<br>9時～18時 | ・コールセンター<br>平日9時～17時<br>・AIチャット |
| 保有特典 | イオン銀行スコア | ギフトカード（キャンペーン時のみ） |

（2023年4月10日時点）

NISAで商品を保有すると、上記の保有特典に記載しているような、Tポイントや楽天ポイントなどがもらえる金融機関も。節税しながらポイントも貯まるのでダブルでおトク！

Topic 4

つみたてNISA編③

# つみたてNISAの口座を開設しよう

## 特定口座・一般口座とは?

口座開設は、ウェブサイトの指示にしたがって進めればそれほど難しくありません。ただ、「特定口座」「一般口座」について、悩まれる方が多くいます。

証券口座や投資信託口座には、さらに「特定口座（源泉徴収あり）」「特定口座（源泉徴収なし）」「一般口座」の3種類があります。この**3種類は、左図のとおり、それぞれ税金の計算や納税の方法が違います。**

これからもずっとつみたてNISAでしか投資をしないのであれば、どれを選択しても結構です。なぜなら、つみたてNISAでの利益には税金がかからないからです。

しかし将来、**株式などつみたてNISA以外の投資もする可能性があるならば「特定口座（源泉徴収あり）」を選びましょう。**確定申告の手間が省けます。

## 口座が開設できないとどうなる?

証券口座がすでにある場合、つみたてNISA口座を申し込むと、税務署の審査結果を待たずに、つみたてNISAの投資を始められます。

ただし、**税務署の審査の結果、つみたてNISA口座が開設できなかった場合は、一般口座で取引したものとみなされます。**この場合、確定申告も納税も自分でしないといけないのでご注意ください。

Memo

過去にNISA口座を持っていたことがある場合、新しくNISA口座を作るときには「勘定廃止通知書」が必要になります。勘定廃止通知書は過去に持っていたNISA口座の金融機関に申請して取り寄せましょう。

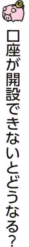

# NISAを扱える口座のしくみと特徴

## 特定口座と一般口座の違いとは？

| | おすすめ！<br>特定口座<br>（源泉徴収あり） | 特定口座<br>（源泉徴収なし） | 一般口座 |
|---|---|---|---|
| 確定申告 | ○<br>不要 | ×<br>利益20万円超なら必要 | ×<br>利益20万円超なら必要 |
| 年間取引報告書 | ○<br>金融機関が作成 | ○<br>金融機関が作成 | ×<br>自分で作成 |
| 自分ですること | 特になし<br>金融機関が1年間の取引をまとめた年間取引報告書を作り、納税してくれる | 確定申告<br>金融機関が年間取引報告書を作ってくれる。それを利用して、自分で確定申告を行う | 確定申告・取引報告書作成<br>自分が年間取引報告書を作成。それを利用して確定申告を行う |

現行のつみたてNISAの非課税期間終了後は課税口座に移されるので、特定口座（源泉徴収あり）がおすすめです。どの口座を選んでも口座開設・管理手数料などはかかりません。

## NISA口座が開設できないのはどんなとき？

NISA口座を開設できませんよ！
BANK

理由1　すでにNISA口座を持っているのに申し込んだ

金融機関を変えたいなら、NISA口座のある金融機関から「勘定廃止通知書」を取り寄せ、「非課税口座開設届書」とともに利用したい金融機関に提出！

理由2　複数のNISA口座を同時に申し込んだ

最初に申し込みの情報を税務署に提出した金融機関でNISA口座が開設されます。

開設できなかった口座での取引 ➡ **「一般口座での取引」として課税される！**

Topic 5

# つみたてNISA編④ 商品を購入しよう！

## 商品の買付設定をしよう

では、いよいよ積み立ての買付設定です。ウェブサイトを利用して手続きしましょう。金融機関によって操作は多少異なりますが、設定事項はほぼ同じです。

**まず商品を選び、毎月積み立てる金額と商品を買い付ける日を指定します。**多くの金融機関では毎月1度買い付けを行いますが、中には毎週・毎日積み立てができる金融機関もあります。さらに、**お金の入金方法と分配金の受取方法を指定します。**

以上の設定を行って申し込み、指定した方法でお金を用意すれば、あとは設定した日に自動で商品の買い付けが実行されます。

## 分配金は「再投資」にしよう！

投資信託から支払われる分配金は、受け取るか再投資するかを選べます。**受け取る場合はそのまま現金として受け取り、再投資する場合は分配金で同じ投資信託を購入します。**投資信託の値上がり益をより多く受け取るには、元本は多いほうが有利です。したがって、**お金を効率的に増やしたいのであれば、分配金は再投資したほうが有利になります。**

分配金で購入できる口数は少ないですが、次にもらえる分配金は、この分配金で購入した分からもでます。つまり、分配金が分配金を呼ぶ複利効果が期待できるのです。

Memo

課税口座の場合、分配金にも20.315%の税金がかかります。しかし、つみたてNISA口座で投資した場合は、分配金も非課税です。したがって、複利効果の面でも課税口座よりつみたてNISA口座のほうが有利になります。

# 投資信託の分配金のいろいろ

## ●そもそも分配金って何？

**分配金**

投資信託が投資家に還元するお金。

運用益から支払われる「普通分配金」と、元本を取り崩して支払われる「元本払戻金（特別分配金）」の2種類がある。

### 運用益から受け取る場合

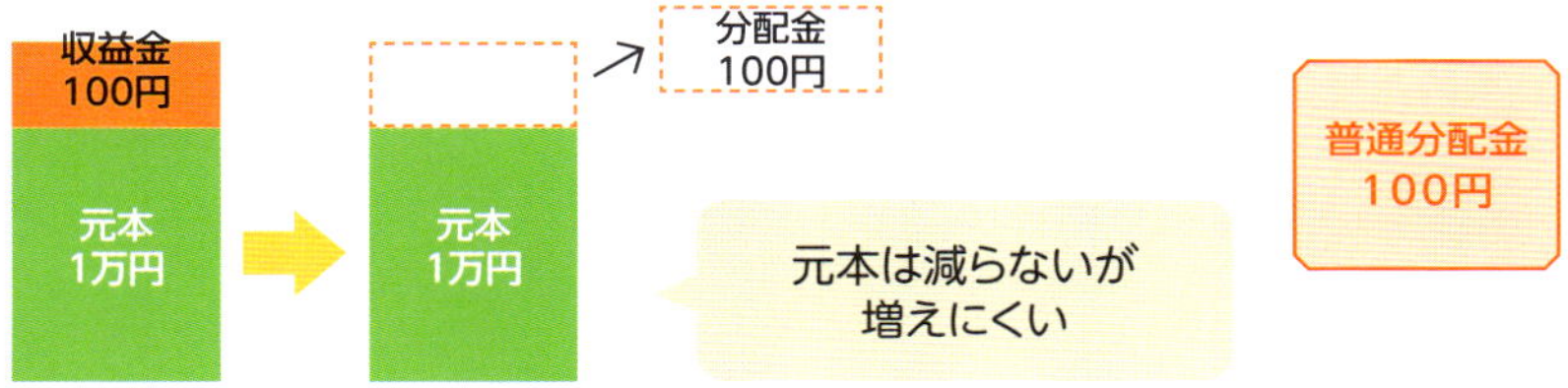


### 運用益と元本の取り崩しを合わせて受け取る場合

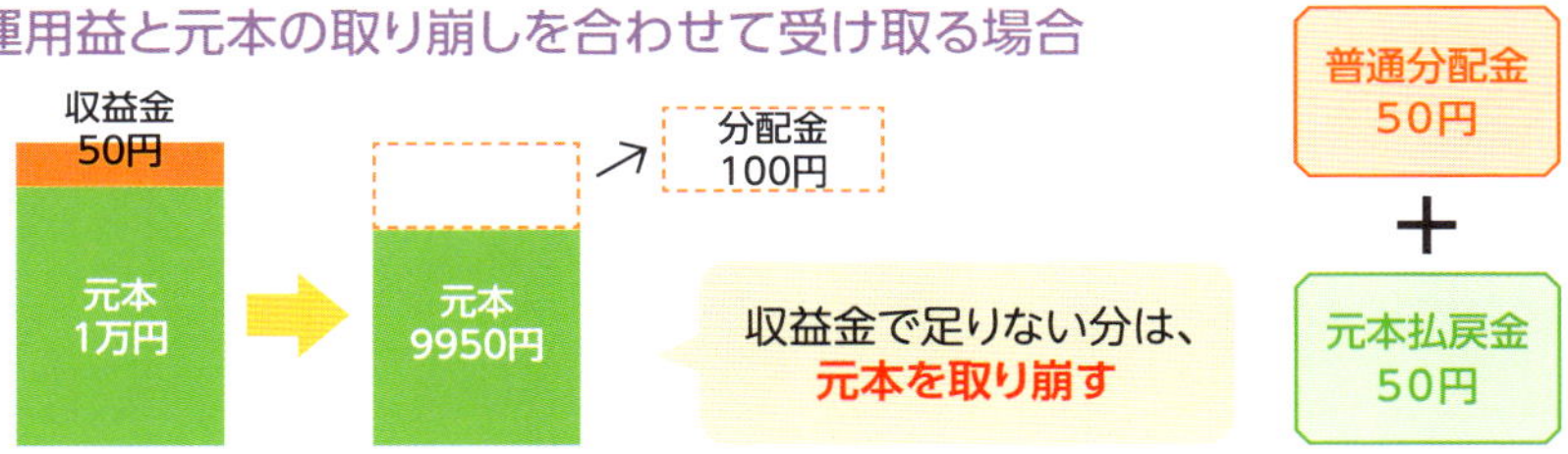


つまり、分配金のせいで元本が増えにくい…

## ●つみたてNISAでは分配金を再投資しよう

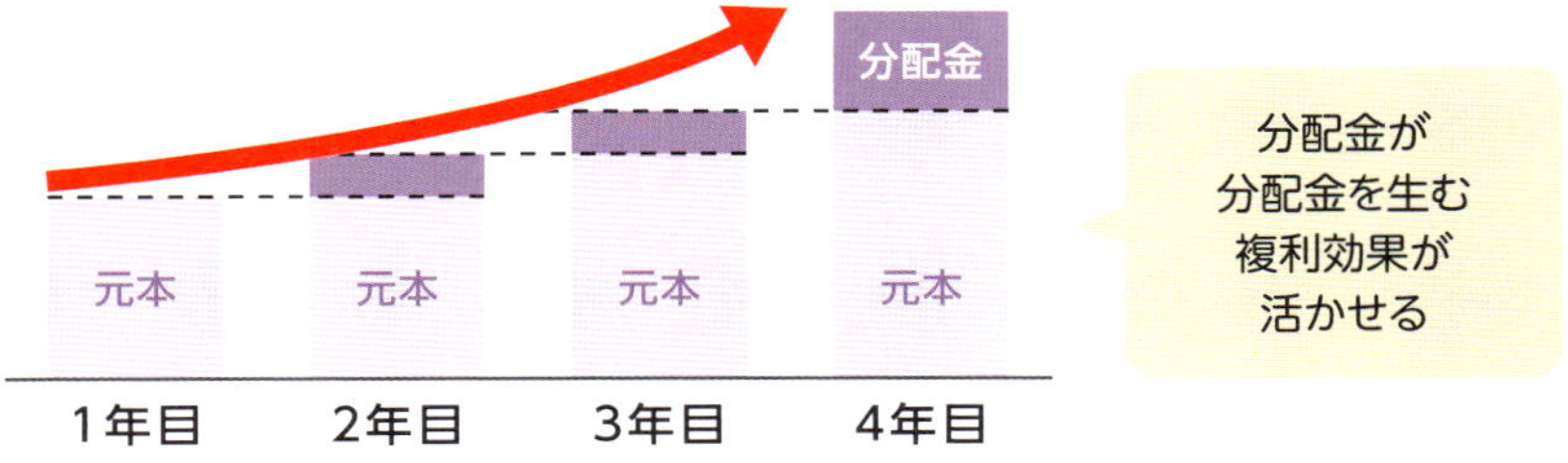

一見おトクそうな分配金ですが、多く支払われるほど実は元本が増えにくくて不利！ 分配金は再投資しましょう。

Topic 6

iDeCo編①

# iDeCoスタートまでの流れ

## 個人型年金加入申出書が必要

iDeCoを始めるには、金融機関（運営管理機関）に資料請求をし、口座を開設する必要があります。ちょっと面倒かもしれませんが、ここはがんばりどころです。

まず、金融機関のウェブサイトやコールセンターで資料請求をしましょう。**届く資料の中にある「個人型年金加入申出書」に記入し、本人確認書類等とともに返送します。**

返送後、国民年金基金連合会の加入審査で承認されると「個人型年金加入確認通知書」が届きます。自営業やフリーランスなど、第1号被保険者の人は、以上で手続き完了です。

なお、一部の金融機関では、加入手続きをオンラインで行うことができます。

## 追加の書類を提出する人もいる

**会社員や公務員の場合は、個人型年金加入申出書を提出する際に、「事業所登録申請書 兼 第2号加入者に係る事業主の証明書」を同封する必要があります。**この書類には、勤め先の会社の記入欄があるので、総務部や経理部などの主管部署に提出して記入押印をしてもらいましょう。

口座が開設できたら、運用する商品の配分指定を行い申し込みます。これで、あとは自分が決めたルールにしたがって投資が実行されます。

Memo

毎年の税金を安くするには、年末調整か確定申告が必要です。会社員や公務員の第2号被保険者であれば年末調整が楽ですが、確定申告でも手続きができます。

## iDeCo口座開設までの流れ

### 1 金融機関に資料請求

金融機関のウェブサイトやコールセンターで問い合わせ。
国民年金の区分によって、書類が変わる。

### 2 必要書類を記入して返送

個人型年金加入申出書と本人確認書類は全員提出。
会社員・公務員は「事業所登録申請書 兼 第２号加入者に係る事業主の証明書」も必要。

### 3 国民年金基金連合会の審査

提出した書類をもとに、
金融機関経由で国民年金基金連合会による審査が行われる。

### 4 口座開設完了

口座開設ができると、国民年金基金連合会から
個人型年金加入確認通知書などの書類が届く。
また、金融機関のIDやパスワードも届く。

### 5 商品を選択

商品の配分指定はウェブサイトでできるところが増えている。
配分指定書という書類で行う場合もある。

iDeCoの申し込みはつみたてNISAよりも複雑です。申込書の記入が大変という声も聞かれます。P115に記入例を用意しましたので、参考にしてください。手続き完了までには1～2カ月はかかるので、早めに取り組みましょう。

Topic 7

iDeCo編②

# iDeCoの金融機関選び

## 金融機関ごとの違いをチェック

iDeCoも1人1口座しか持つことができません。自分にあった金融機関を選ぶために、次の3点をチェックしましょう。

**まずは事務手数料です。**iDeCoでは、加入時に口座開設手数料、運用中に口座管理手数料がかかります。この中で重要なのは加入する金融機関に支払う「運営管理手数料」。運営管理手数料の金額は金融機関によって違い、無料のところもあれば、年5000円程度かかるところもあるのです。もちろん、**運営管理手数料が安い金融機関の方が有利です。**

次に、**商品のラインアップを確認**します。投資先の国や資産がバランスよく揃っていて、投資信託の保有コストが安い商品が多いところを選びましょう。

## サポートが充実していると安心

そして、サービスの質も重要です。店頭で制度の説明から申し込みまで対応していること（または、ウェブサイト上でわかりやすく情報公開をしていること）に加え、平日夜や土日などでも窓口・電話などで相談ができるところがよいでしょう。

P105で紹介した**SBI証券、楽天証券、マネックス証券、イオン銀行、ろうきん（労働金庫）の5つの金融機関は、iDeCoの金融機関としてもおすすめです。**

Memo

iDeCoの金融機関は、運用の途中で変更することも可能。しかし、変更の手続きは煩雑で、1～2カ月もの時間がかかります。しかも手続き中は運用ができません。ですから、最初からいい金融機関を選ぶのが大切です。

# 金融機関選びのポイント

## ①事務手数料が安いか

・iDeCoの手数料

| | 費用 | 支払先 | 金額(税込) |
|---|---|---|---|
| 加入時 | 口座開設手数料 | 国民年金基金連合会 | 2,829円(1回だけ) |
| 運用中 | 収納手数料 | 国民年金基金連合会 | 105円(拠出1回ごと) |
| | 事務委託手数料 | 信託銀行など | 毎月66円 |
| | 運営管理手数料 | 金融機関(運営管理機関) | 月0円～数百円 |

金融機関によって異なる！

運営管理手数料だけは金融機関によって異なるよ。年間5,000円程度変わることもあるので、できるだけ無料のところ、安いところを選ぼう！

## ②商品のラインアップが豊富か

投資先の国や資産がバランスよく揃っているか
投資信託の保有コストが安い商品が多いか

詳しくは
第4章をチェック！

## ③サービスの質がいいか

・主な金融機関のサービス

| 金融機関名 | 運営管理手数料 | コールセンター | 特徴 |
|---|---|---|---|
| SBI証券 | 無料 | (平日・土日)8時～17時<br>(年末年始・祝日除く) | 「SBI-iDeCoロボ」で商品選びをサポート |
| 楽天証券 | 無料 | (平日)10時～19時<br>(土日祝)9時～17時 | ガイドブックがわかりやすい。セミナーも充実 |
| マネックス証券 | 無料 | (平日)9時～20時<br>(土曜)9時～17時<br>(祝日除く) | iDeCoの専門スタッフが応対 |
| イオン銀行 | 無料 | (平日)9時～21時<br>(土日)9時～17時<br>(年末年始・GW等除く) | 365日窓口相談可能 |
| ろうきん(労働金庫) | 月310円<br>(年3,720円) | (平日)9時～19時<br>(土日)10時～17時<br>(年末年始・祝日除く) | 対面で相談可。セミナーも充実 |

(2023年4月10日時点)

Topic 8

iDeCo編③

# 申込書の書き方のポイント

## 個人型年金加入申出書に記入する

**iDeCoに加入する方は全員、個人型年金加入申出書を提出します。**この書類に必要な10桁の「基礎年金番号」は、年金手帳や郵送で届く基礎年金番号通知書、ねんきん定期便に記載されています。「被保険者の種別」は、自分の該当する区分をチェックします。また、「掛金の納付方法」は、給与からの天引きか個人払込かを選びましょう。

「掛金引落口座情報」では、2枚目の捺印欄に、口座の届出印を押すのを忘れないようにしましょう。毎月決まった掛金を引き落とす場合は「掛金額区分」で「掛金を下記の毎月定額で納付します」を選びます。

## 勤め先に証明書を書いてもらおう

会社員・公務員は「事業所登録申請書兼第2号加入者に係る事業主の証明書」の提出も必要です。この書類は、**会社に記入してもらう部分が主**です。**「申出者の情報」「掛金額区分」を自分で記入**したら、総務部や経理部などの主管部署に書いてもらいましょう。「掛金の納付方法」は、自分の口座から口座振替する場合は②を選択します。

申込書類を一通り書き終わったら、これらの書類を金融機関に返送します。金融機関でのチェック、国民年金基金連合会でのチェックで問題がなければ、iDeCoの口座開設が完了します。

---

用語解説

**年単位拠出：**iDeCoの掛金の額を月ごとに決める制度。年間の拠出回数を1～12回の間で選べるほか、毎月の掛金の額も増減できる。ただし、投資効率で考えると毎月一定額ずつのほうがドルコスト平均法や複利の恩恵が受けやすくなる。

# 申込書類の記載の仕方

個人型年金加入申出書

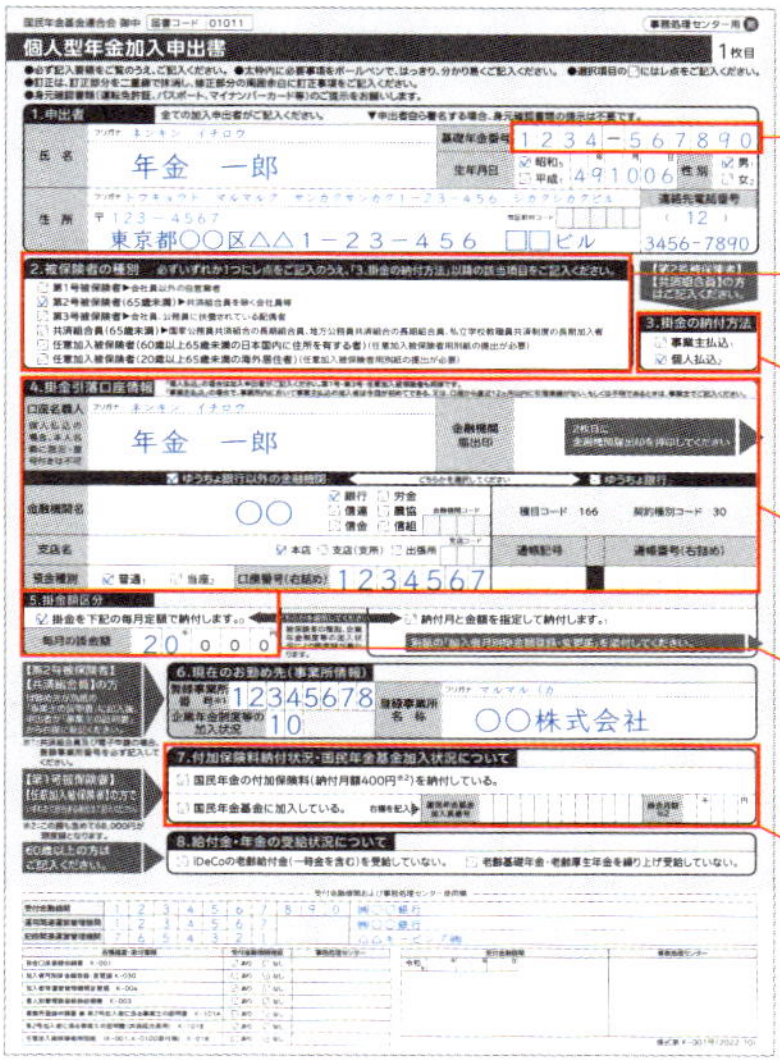


## 全員提出

基礎年金番号は年金手帳や「ねんきん定期便」などを見て記載

自分がどの区分かを考えてチェックを入れる

掛金を口座振替にするか給与天引きにするか選ぶ

掛金を引き落とす口座の情報を記入。2枚目の捺印を忘れずに

毎月の掛金の金額を記載。年単位拠出の場合は「加入者月別掛金額登録・変更届」も提出する必要がある

現在の勤め先を記入。登録事業者番号は会社で書いてもらった「事業主の証明書」から転記する

事業所登録申請書 兼
第2号加入者に係る事業主の証明書

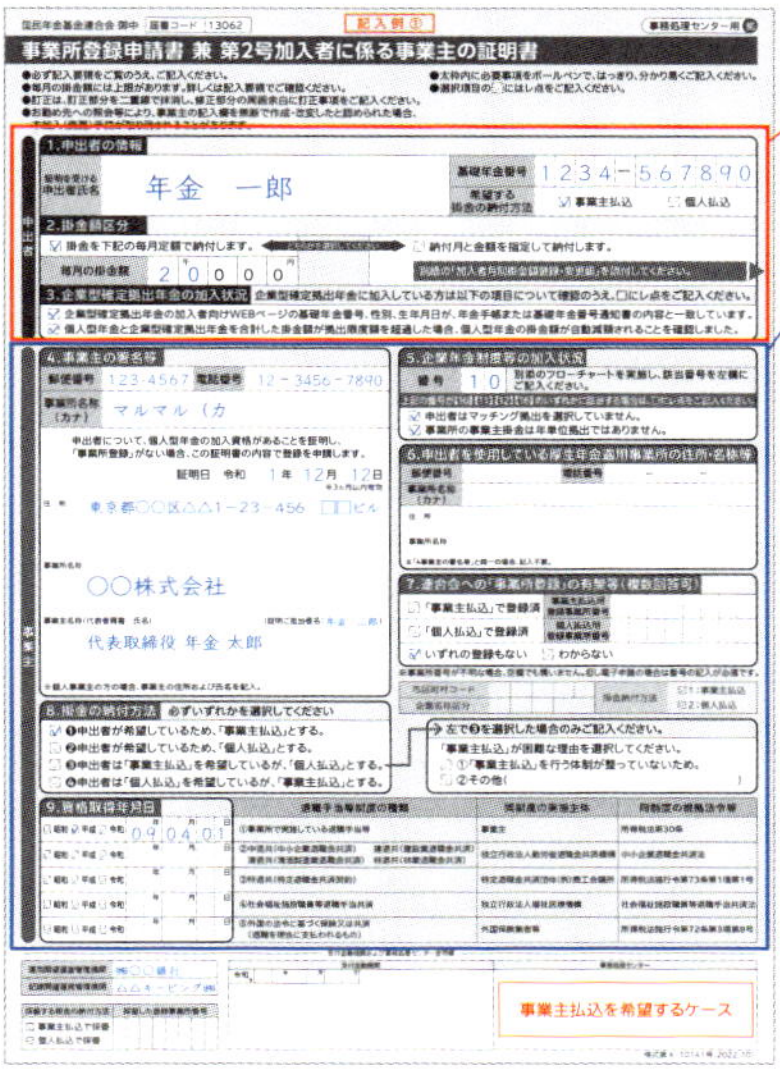


## 会社員・公務員提出

個人型年金加入申出書と同様に記載する

青枠内の箇所は会社に書いてもらう

書類に不備があると再提出になって、スタートが遅れる原因になります。記入漏れや押印漏れがないかをよく確認してから提出しましょう。

Topic 9

iDeCo編④

# 商品の配分指定をしよう

## どの商品をどれだけ買うかを指定

iDeCoの口座開設が完了したら、次にするのは配分指定。**配分指定とは、拠出した掛金をどの商品で運用するかを決めること**です。商品選びのポイントなどについては、第4章で改めて扱いますので、ここでは先に手続きのしかたを紹介します。

**配分指定は、パソコンなどを使ってウェブサイトでできる金融機関が多くなっています。**iDeCoの申込書と一緒に「配分指定書」の用紙を提出する金融機関もあります。ウェブサイトではログイン後、用意されている商品一覧の中から購入したい商品を選び、掛金の割合を記載します。

## 配分指定しないとどうなる？

商品の配分割合は1％単位で指定できます。**同じ金融機関内の商品なら、いくつ選んでもOK。**

**ただし、最終的に100％になるように記入（または入力）しましょう。**たとえば、A・B・Cの3つの投資信託を購入する場合、A50％、B20％、C30％などとすれば、最終的に100％となります。

商品の配分割合を指定しないと、指定運用方法での運用が自動的にスタートしてしまいます。第4章を参考に、どんな商品で運用するのか、よく考えて配分指定をしましょう。

---

用語解説

**指定運用方法：**掛金の配分がない場合に自動的に購入される商品。金融機関によって指定運用方法は異なる。元本確保型の定期預金やターゲットイヤー型の投資信託などを購入する金融機関が多くなっている。

# 配分指定書の記載の仕方

## 必ず配分指定をしよう！

ウェブサイトで指定、または「配分指定書」の用紙を提出

SBI証券の配分指定画面の例

| No. | 商品タイプ | 運用商品名（略称） | 現在の配分割合 割合（%） | 現在の配分割合 金額（円） | 現在の配分割合 端数 | 指定後の配分割合 割合（%） | 指定後の配分割合 金額（円） | 指定後の配分割合 端数 |
|---|---|---|---|---|---|---|---|---|
| 1 | 国内株式 | <購入・換金手数料なし>ニッセイ日経平均インデックスファンド（ニッセイ日経平均インデックスファンド） | 0 | 0 | | 0 | | |
| 2 | 国内株式 | eMAXIS Slim 国内株式(TOPIX)（eMAXIS Slim 国内株式(TOPIX)） | 0 | 0 | | 0 | | |
| 7 | 内外株式 | SBI・全世界株式インデックス・ファンド（SBI・全世界株式インデックス・ファンド） | 30 | 6,900 | | 0 | | |
| 8 | 海外株式 | eMAXIS Slim 全世界株式(除く日本)（eMAXIS Slim 全世界株式(除く日本)） | 0 | 0 | | 0 | | |
| 7 | 内外株式 | SBI・全世界株式インデックス・ファンド（SBI・全世界株式インデックス・ファンド） | 30 | 6,900 | | 0 | | |
| 8 | 海外株式 | eMAXIS Slim 全世界株式(除く日本)（eMAXIS Slim 全世界株式(除く日本)） | 0 | 0 | | 0 | | |
| 9 | 内外株式 | EXE−i グローバル中小型株式ファンド（EXE-i グローバル中小型株式ファンド） | 0 | 0 | | 0 | | |
| 22 | 国内債券 | eMAXIS Slim 国内債券インデックス（eMAXIS Slim 国内債券インデックス） | 0 | 0 | | 0 | | |
| 23 | 海外債券 | eMAXIS Slim 先進国債券インデックス（eMAXIS Slim 先進国債券インデックス） | 10 | 2,300 | | 0 | | |
| 24 | 海外債券 | インデックスファンド海外債券ヘッジあり(DC専用)（インデックスファンド海外債券ヘッジあり(DC専用)） | 0 | 0 | | 0 | | |
| 27 | 国内不動産投信 | <購入・換金手数料なし>ニッセイJリートインデックスファンド（ニッセイJリートインデックスファンド） | 10 | 2,300 | | 0 | | |
| 28 | 海外不動産投信 | 三井住友・DC外国リートインデックスファンド（三井住友・DC外国リートインデックスファンド） | 10 | 2,300 | | 0 | | |
| 33 | 国内その他資産 | 三菱UFJ純金ファンド（愛称：ファインゴールド）（三菱UFJ純金ファンド） | 10 | 2,300 | | 0 | | |
| 34 | 内外資産複合 | セレブライフ・ストーリー2025（セレブライフ・ストーリー2025） | 0 | 0 | | 0 | | |
| 36 | 内外資産複合 | セレブライフ・ストーリー2045（セレブライフ・ストーリー2045） | 0 | 0 | | 0 | | |
| 37 | 内外資産複合 | セレブライフ・ストーリー2055（セレブライフ・ストーリー2055） | 0 | 0 | | 0 | | |
| 38 | 元本確保 | あおぞらDC定期(1年)（あおぞらDC定期(1年)） | 0 | 0 | | 0 | | |
| 合計 | | | 100 | 23,000 | | 0 | | |

確認

一覧から買いたい商品を選び、「指定後の配分割合」の欄に購入の割合を記載する

商品はいくつ選んでもいいが、合計が100％になるように記載する
（例）
・商品A　50％
・商品B　20％
・商品C　30％

合計が100％になっているか確認

問題なければ「確認」を選択。続く画面で「実行」を選択すれば配分指定が完了する

SBIベネフィット・システムズの画面をもとに作成
※サイトにより表示は異なります

商品を購入するときは、配分指定を行います。配分指定をしないと金融機関の指定運用方法で運用がスタートするので、忘れずに指定しましょう。

Topic 10

iDeCo編⑤

# 税金を安くする手続きを忘れずに

## 必要な書類は大切に保管

iDeCo最大のメリットは、掛金を全額所得控除して節税できることです。会社から給与天引きで掛金を支払っている人は、特に手続きなく節税をすることができます。しかし、**口座振替の人は年に1度、年末調整か確定申告の手続きが必要**です。

毎年10月ごろになると、国民年金基金連合会から「小規模企業共済掛金払込証明書」が届きます。10月~12月にはじめて掛金の引き落としがあった場合は翌年の1月ごろに届きます。年末調整や確定申告にはこの書類が必要になりますので、なくさないようしっかりと保管しておきましょう。

## 年末調整・確定申告で提出しよう

国民年金の第1号被保険者と第3号被保険者は、**確定申告のときに小規模企業共済掛金払込証明書を一緒に提出します。**確定申告の申告書にも掛金の記入欄があるので、忘れずに記入しましょう。

会社員や公務員などの第2号被保険者は、年末調整のときに小規模企業共済掛金払込証明書を提出します。こちらも、提出書類に掛金の記入欄があるので、記入しましょう。確定申告にて提出しても構いません。**確定申告や年末調整をすることによって、所得税の節税分が還付されます。**また、翌年の住民税が安くなります。

Memo

年末調整や確定申告によって還付されたお金は、無駄遣いしないように気をつけましょう。貯蓄する、別の投資に回すなど、きちんとルールを決めることが大切です。

# 年末調整・確定申告で節税しよう

## ●会社員・公務員…年末調整（確定申告でもOK）

給与所得者の保険料控除申告書

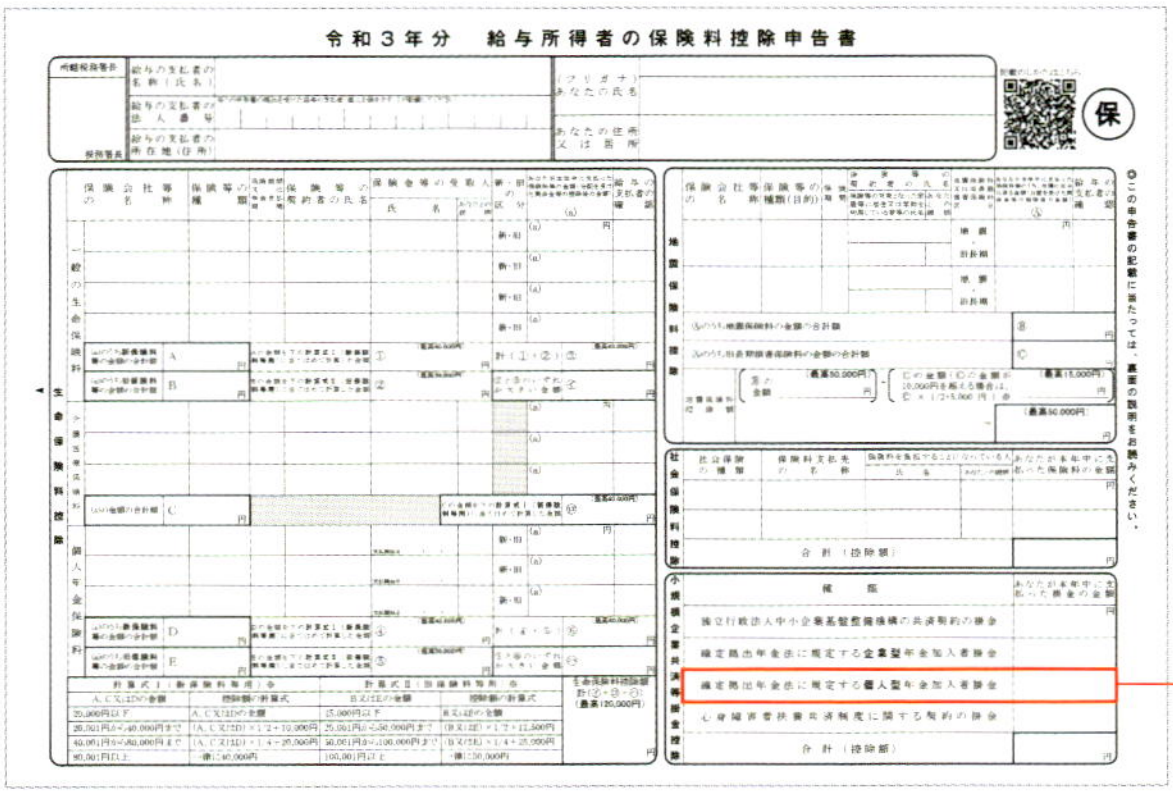


「確定拠出年金法に規定する個人型年金加入者掛金」の欄に1年間のiDeCoの掛金額の合計を記入する

## ●自営業者などの場合…確定申告

確定申告書第二表

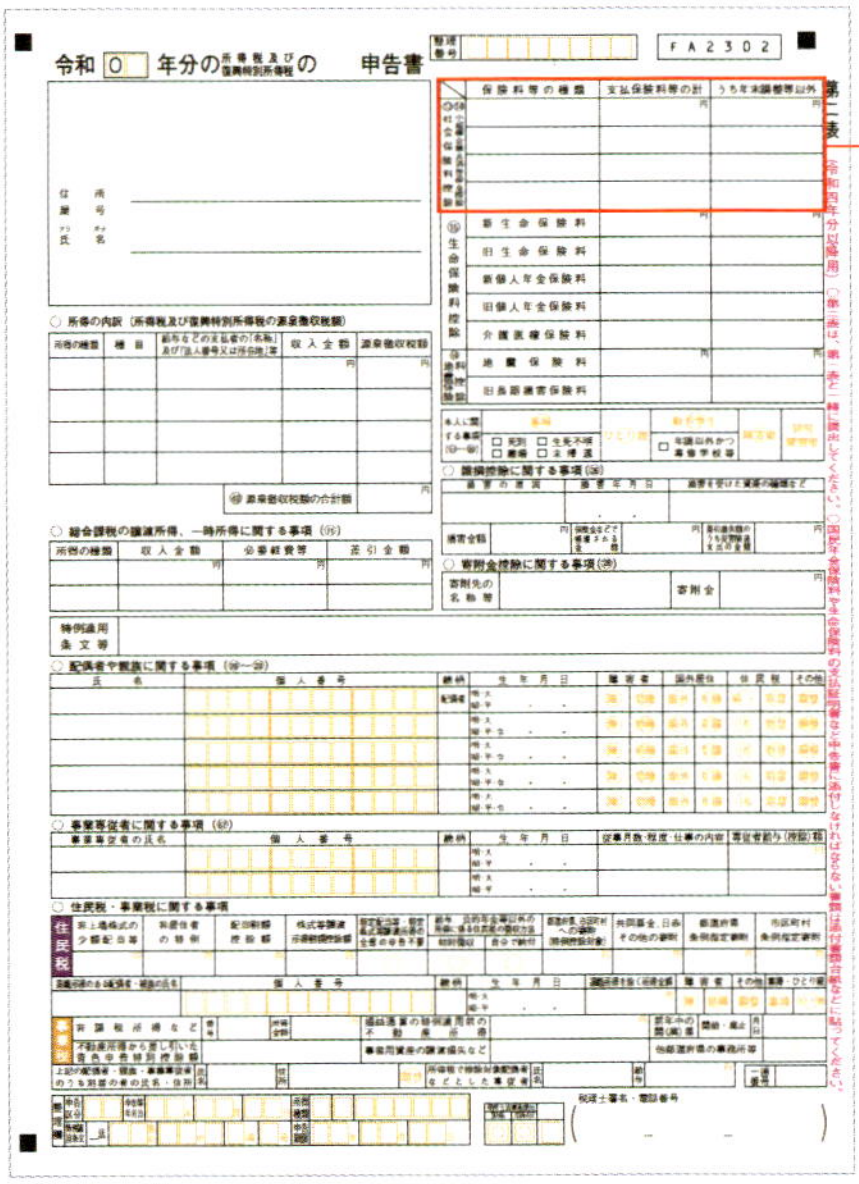


毎年10月ごろ（10月～12月に初回の引き落としがあった場合は翌年1月ごろ）に届く「小規模企業共済掛金払込証明書」に記載されているiDeCoの掛金額の合計を記入します。

年末調整・確定申告の書類と一緒に小規模企業共済掛金払込証明書も提出する

「小規模企業共済等掛金控除」の欄に1年間のiDeCoの掛金額の合計を記入する

Column

## マネーセミナー、無料と有料どっちがおトク？

ひと昔前に比べて、一般の人が気軽に行けるマネーセミナーが増えてきました。しかもほとんどのマネーセミナーが無料です。有料のセミナーとどっちがトクかといわれたら、一見すると無料のほうがおトクに思えるかもしれません。

しかし、無料セミナーはボランティアではありません。無料セミナーの主催はほとんどが金融機関。セミナーの終わりには、主催者が売りたい商品へとクロージング（売買締結）するような内容が入っています。もちろん、無料セミナーにも有益になる情報はありますが、「セミナーの経費をどこで回収しているのか」は意識しておいたほうがいいでしょう。

一方、有料セミナーの目的はセミナー受講料です。少人数のセミナーであれば受講料は高いですし、大人数であれば受講料は安くなります。有料セミナーに参加するかどうかの判断は、情報を発信する人（講師）の経歴や実績、実際に投資をしているのか否か、といったことです。講師としての実績が豊富な人ならば、ホームページ、ブログ、SNS、書籍、ウェブや雑誌の記事などがすぐに見つかるはずです。もし見当たらないようであれば、そのセミナーは見送ってもよいでしょう。

もっとも、最近は有料セミナーでも金融商品の販売につなげるケースは少なくないようですので注意が必要です。講師がファイナンシャルプランナーだからと、安心するのは考えものです。

投資信託の世界では、個人投資家の目線で常に考えて情報を集め、ブログやSNSなどで情報を発信する「投信ブロガー」の存在感も大きくなってきています。彼らは一般人ですが、投資信託をよく研究していて、プロからも一目おかれている人もいます。

気になる情報を見つけたら、その情報を発信している人の経歴や評判、活動状況などを調べ、信頼できるかを見極めましょう。

第4章

# 必ず見つかる！自分にあった商品の見つけ方

NISAもiDeCoも投資できる商品がたくさんあります。
どれを選べばよいのか悩む人も多いのではないでしょうか。
本章では、投資対象ごとに
それぞれの特徴やリスクを解説していますので、
自分が気になるものを見つけてみましょう。

## 無理しない投資から始める

そんなときは まずは自分が 何のために いつまでに いくら貯めたいかを 明確にすると いいですよ
パリに行きたい
来年まで50万円…
はーそうなんだ
じゃあ 私は 65歳までに 2000万円 ですかね…
おおっ大きく出たな！
では それにふさわしい 商品がどれかを 考えていきましょう 127ページの 図を使って必要な金額を 把握するのがおすすめです
見てね
俺は あんまり 具体的な目標って ないんですよね
お金は あればあるほど よいです！
キリッ
その場合は 自分は何が欲しい？ とか 何がしたい？ という視点で 考えればいいですよ
んー 欲しいものは いっぱい ありますね
カメラでしょ 時計に 80型テレビに 人望かな
売ってないから

NISAやiDeCoの投資は長期間になるのでモチベーションをキープするためにも目標を作るのが大切です!
ダイエットとかと一緒ですね!
大事!
あと　自分がどれくらいまで損に耐えられるか(リスクを受け入れられるか)を把握しておきましょう
金融商品はたくさんありますがそれぞれリスクが異なりますハイリスクな商品はハイリターンですしローリスクな商品はローリターンです
グラ
グラ
多い!
スタ
スタ
少ない!
銀行の定期預金とかはローリスク・ローリターンってことですね
利率0.001…とか…
そうですね　減らないですがたいして増えもしません
俺は儲かるほうがいいです!
先生!

ハイリスクな商品はその分
リスクも高いので
余裕資産があまりない
諒太さんには
おすすめできませんね…
損失が出た場合に
他でカバーできる
余力がないので…
わあああ！
大損してるの
目に見えるよ…
ううむ…
あきらめなさい…
投資金額は多いほうがいいし
運用利回りも高くしたほうが
いいのはわかるんですけど
難しいですよね…
バサバサ
高利回り
錬金術師に
なりたい…
確かにそのほうが
目標金額は
達成しやすくなります
ですが
自分にできない
投資の試算をしても
意味がないし
続きません
現実的な投資金額から
投資先の商品を
導き出しましょう！
はい！
現実を
見ます…

Topic 1

## 何のためのお金を貯める？

# 投資の目標を立てよう

### 目標はできるだけ具体的に

積立投資の投資期間は数十年に及ぶこともざらです。モチベーションを維持するためにも、はっきりとした目標を立てておきましょう。

「住宅資金」「教育資金」「老後資金」でもいいですし、「○○が欲しい」「旅行に行きたい」などでも結構です。**目標を具体的にして、それに必要な目標金額、達成するための投資期間を明確にするのが重要です。**

目標金額と投資期間が決まったら、どのくらいの投資金額・運用利回りがあれば達成できるのかを計算します。計算には、左に掲載した速算表を利用するのが便利です。

### 投資金額・運用利回りを算出する

目標金額が「20年で１０００万円貯める」の場合、仮に20年で運用利回りが3％だったら、月々の投資金額は、目標金額を表の「20年」と「3％」の交点の数字（３２８・３０）で割った金額（税金は考慮せず）になります。つまり、１０００万円÷３２８・３０＝約3万５０００円です。

**掛金を多く、期間を長く、運用利回りを高くするほど、目標金額は達成しやすくなります。**しかし、自分にできない投資の試算をしても意味がありません。**無理なくお金を貯めるためにも、現実的な投資金額を探りましょう。**

Memo

お金を「できるだけ増やしたい」という方もよくいます。確かに、増えるのはいいことですが、これだと無理な投資をしてしまう可能性も。投資にあたっては、無理のない目標を立てたほうが堅実に増やせるでしょう。

## 掛け金・期間・運用利回りから資産総額がわかる！

| | 運用利回り | | | | |
| --- | --- | --- | --- | --- | --- |
| 期間 | 1％ | 2％ | 3％ | 4％ | 5％ |
| 5年 | 61.50 | 63.05 | 64.65 | 66.30 | 68.01 |
| 10年 | 126.15 | 132.72 | 139.74 | 147.25 | 155.28 |
| 15年 | 194.11 | 209.71 | 226.97 | 246.09 | 267.29 |
| 20年 | 265.56 | 294.80 | 328.30 | 366.77 | 411.03 |
| 25年 | 340.67 | 388.82 | 446.01 | 514.13 | 595.51 |
| 30年 | 419.63 | 492.73 | 582.74 | 694.05 | 832.26 |
| 35年 | 502.63 | 607.55 | 741.56 | 913.73 | 1,136.09 |
| 40年 | 589.89 | 734.44 | 926.06 | 1,181.96 | 1,526.02 |

| | 運用利回り | | | | |
| --- | --- | --- | --- | --- | --- |
| 期間 | 6％ | 7％ | 8％ | 9％ | 10％ |
| 5年 | 69.77 | 71.59 | 73.48 | 75.42 | 77.44 |
| 10年 | 163.88 | 173.08 | 182.95 | 193.51 | 204.84 |
| 15年 | 290.82 | 316.96 | 346.04 | 378.41 | 414.47 |
| 20年 | 462.04 | 520.93 | 589.02 | 667.89 | 759.37 |
| 25年 | 692.99 | 810.07 | 951.03 | 1,121.12 | 1,326.83 |
| 30年 | 1,004.52 | 1,219.97 | 1,490.36 | 1,830.74 | 2,260.49 |
| 35年 | 1,424.71 | 1,801.05 | 2,293.88 | 2,941.78 | 3,796.64 |
| 40年 | 1,991.49 | 2,624.81 | 3,491.01 | 4,681.32 | 6,324.08 |

### 上記の表を使うと…

❶運用の結果、資産総額がいくらになるかがわかる

例）月2万円で10年間、年利5％で運用できた場合の資産総額

**2万円×155.28＝310万5,600円**

❷目標金額達成に必要な投資金額がわかる

例）年利3％のとき、20年間で1,000万円貯めるために必要な月々の投資金額

**1,000万円÷328.30＝約3万500円**

Topic 2

どのくらいの損失なら受け入れられる？

# 自分のリスク許容度を見極めよう

## リスクは「危ない」ことではない

投資をする前に必ず確認しておくべきなのが、自分が抱えられるリスクがどのくらいなのか、という「リスク許容度」です。

**リスク許容度は、収入・資産・年齢・投資経験などによって変わります。**もし、資産が２００万円の人が１００万円投資するといったら、相当な負担になるでしょう。しかし、資産を２０００万円持っている人が１００万円を投資するのは、それほど無理なくできそうです。このとき、資産２００万円の人のリスク許容度は低く、資産２０００万円の人のリスク許容度は高いといえます。

同様に、**一般的には「収入・資産が少ない」「年齢が高い」「投資経験が少ない」ほどリスク許容度は低い**とされます。

## 金融商品のリスクはそれぞれ違う

つみたてＮＩＳＡやｉＤｅＣｏの主な投資先となる投資信託は、株式・債券・不動産など、さまざまな金融商品に投資しています。これらの金融商品も、一つひとつ異なるリスクを持っています。

「できるだけ儲けたいから」と、**リスクの高い投資信託ばかり買うと、リスクが大きくなりすぎてしまいます。**そこでぜひ取り入れたいのが１３０ページで紹介する「ポートフォリオ」の考え方です。

Memo

投資で得られるリターンのブレ幅は、統計学の標準偏差を利用して算出されます。たとえば、ある商品の平均リターンが5%、リスクが±10%だった場合、その商品のリターンは−5%〜+15%の間で変動すると考えます。

## リスク許容度は人によって異なる

### ●リスク許容度のイメージ

**リスク許容度**　「自分が損にどのくらい耐えられるか」を示した度合い

| 低 ← リスク許容度 → 高 | | |
|---|---|---|
| 安全性重視の資産配分 | | 収益性重視の資産配分 |
| 少ない | 収入 | 多い |
| 少ない | 資産 | 多い |
| 高い | 年齢 | 低い |
| ない | 投資経験 | ある |
| 慎重 | リスクに関する考え方 | 積極的 |

### ●投資信託のリスクとリターンの関係

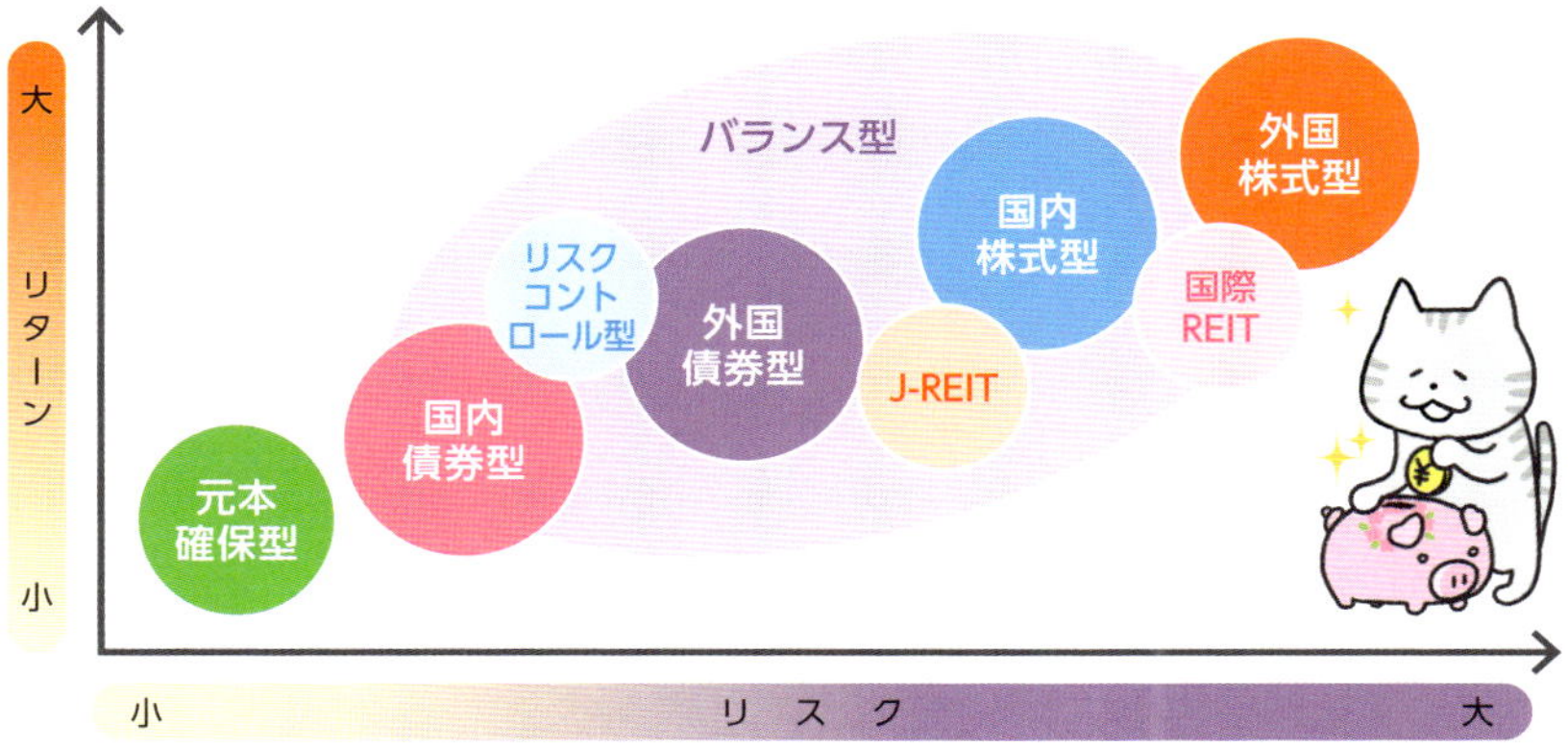


投資信託を見るポイントは2つ！

**POINT.1**
何に投資しているか
⇒株式？債券？不動産？

**POINT.2**
どこに投資しているか
⇒国内？先進国？新興国？

Topic 3

# ポートフォリオの考え方

自分にあった資産配分を考えよう

## 複数の資産を組み合わせよう

ポートフォリオとは、保有資産の組み合わせのことです。リスクを抑え、堅実に資産を増やしていくには、**ひとつの商品のみに投資するのではなく、値動きの異なる複数の商品に分散投資することが重要**です。

投資の格言に「卵はひとつのカゴに盛るな」というものがあります。もし、卵をひとつのカゴに盛ってしまうと、そのカゴを落としたときに全部割れてしまいます。しかし、複数のカゴに分けてあれば、どれかを落としたとしても他の卵は無事です。資産も卵と同じで、複数に分けておくことで、値動きが安定するのです。

## 自分流のポートフォリオを作る

**複数の資産の組み合わせ方次第で、ポートフォリオはローリスクにもハイリスクにもなり、期待できるリターンも変わります。**

一般的に、投資する資産のリスクは債券より不動産、不動産より株式のほうが高くなります。同様に、投資先の国のリスクは国内より先進国、先進国より新興国のほうが高くなります。つまり、**ポートフォリオに株式や外国資産が多いほどリスクが高くなる**といえるのです。これを踏まえて、自分の目標やリスク許容度をもとにポートフォリオを作ることが大切です。132ページから、主な投資先を紹介します。

Memo

iDeCoの場合、元本確保型の商品だけではお金は増えません。それでも、リスクはなるべく取りたくない、という場合には、資産の一部は元本確保型の商品にすることで、リスクを小さくしたり、守りながら攻めたりできます。

# 分散投資でリスクを軽減

## ●卵はひとつのカゴに盛るな

卵をひとつのカゴに盛ると、落としたときにすべて割れてしまいます。それを防ぐにはカゴを分けるべき。資産も同じく、値動きの異なる複数の商品に分散すると、リスクが抑えられます。

## ●リスクとリターンはポートフォリオで変わる

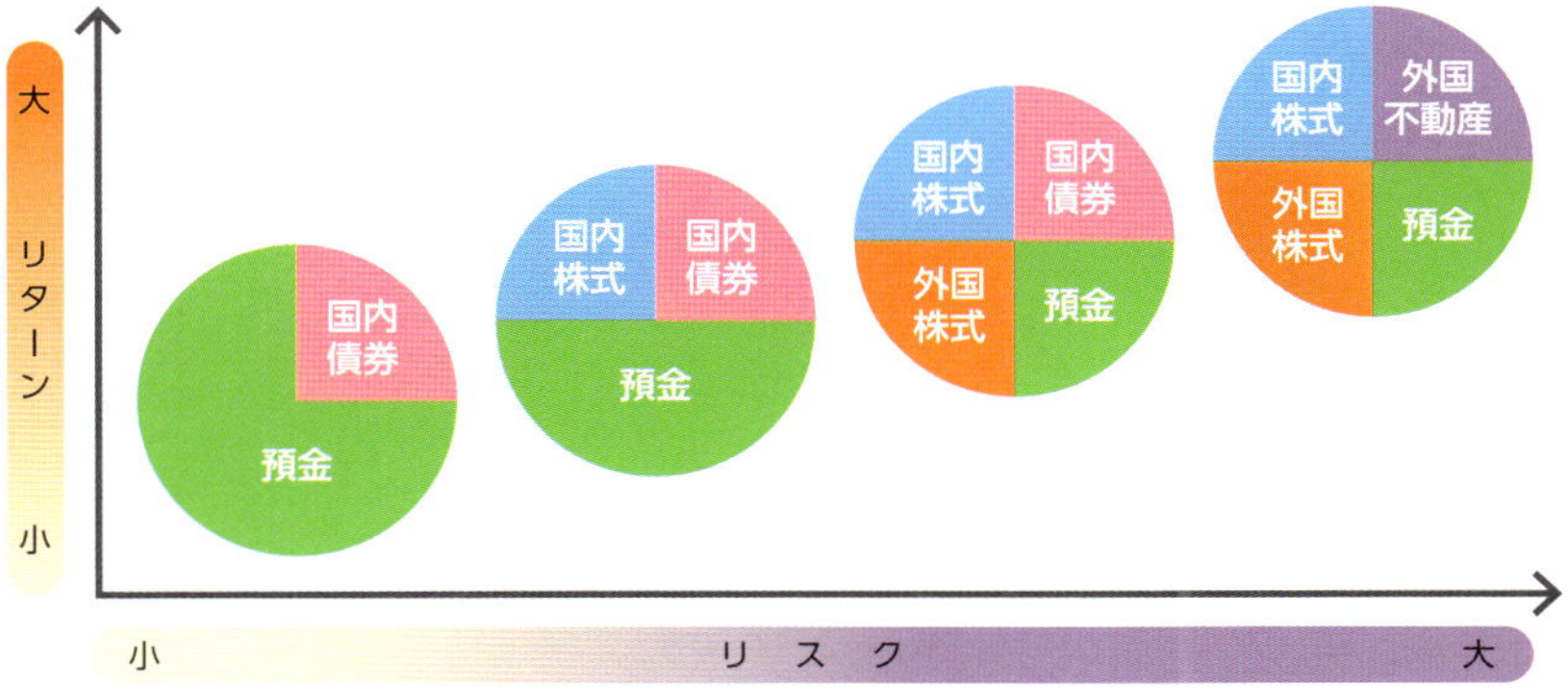

預金や債券など、リスクが低いものを選べばローリスク・ローリターンになり、株式や外国の資産を選ぶほどにハイリスク・ハイリターンになります。また、さまざまな資産を組み入れることで、分散投資の効果も高まります。

Topic 4

## 資産を減らしたくないときの商品

# 定期預金・保険で元本を守る

### 普通の定期預金・保険よりはトク

iDeCoでは、**定期預金や保険で運用することもできます。定期預金や保険は、元本確保型の商品**です。

定期預金は、普通の銀行などの定期預金と同じく、1年・3年・5年などの期間お金を預けるものです。満期になると利息が元本に加えられて自動継続されます。

保険は、保障より貯蓄性を重視した商品です。定期預金同様、お金を積み立てると一定の利息がつき、満期には元本が戻ってきます。

iDeCoなら、掛金の所得控除が受けられ、利息の税金が非課税にできます。そのため、**普通の定期預金や保険よりは、おトク**だといえます。

### 元本確保型は減らないけれど……

しかし、今は金利が非常に低いため、元本確保型ではお金がほとんど増えません。それどころか、**iDeCoの手数料の分だけお金が減ってしまう**ことも考えられます。

また、定期預金や保険では、物価が上昇するインフレには対応できません。**物価の上昇率より金利の上昇率が少なければ、定期預金や保険は目減りしてしまう**のです。

これから長期にわたってお金を増やすことを考えると、元本確保型の商品は本当に安全だとはいえないのです。

用語解説

**インフレリスク：**物価が上昇するインフレによって、金融商品の価値が目減りしてしまうリスクのこと。一般的に現金や固定金利の定期預金、債券などがインフレリスクで価値が目減りする商品だといわれている。

# iDeCoで利用できる定期預金と保険

## ●「定期預金」と「保険」なら元本保証あり

| | 定期預金 | 有期利率保証型積立生命保険 | 積立障害保険 |
|---|---|---|---|
| 提供会社 | 銀行 | 生命保険会社 | 損害保険会社 |
| 利率（表内の相対的なもの） | 低 | 高 | 中 |
| 中途解約のペナルティ | 利息の減額<br>元本割れなし | 解約控除が積み上げた利息を上回れば、元本割れ | 解約控除が積み上げた利息を上回れば、元本割れ |

中途解約しても定期預金は元本割れしません。保険は解約控除（解約時のペナルティ）が利息よりも大きくなると元本割れする可能性があります。

## ●インフレには対応できないというリスクも！

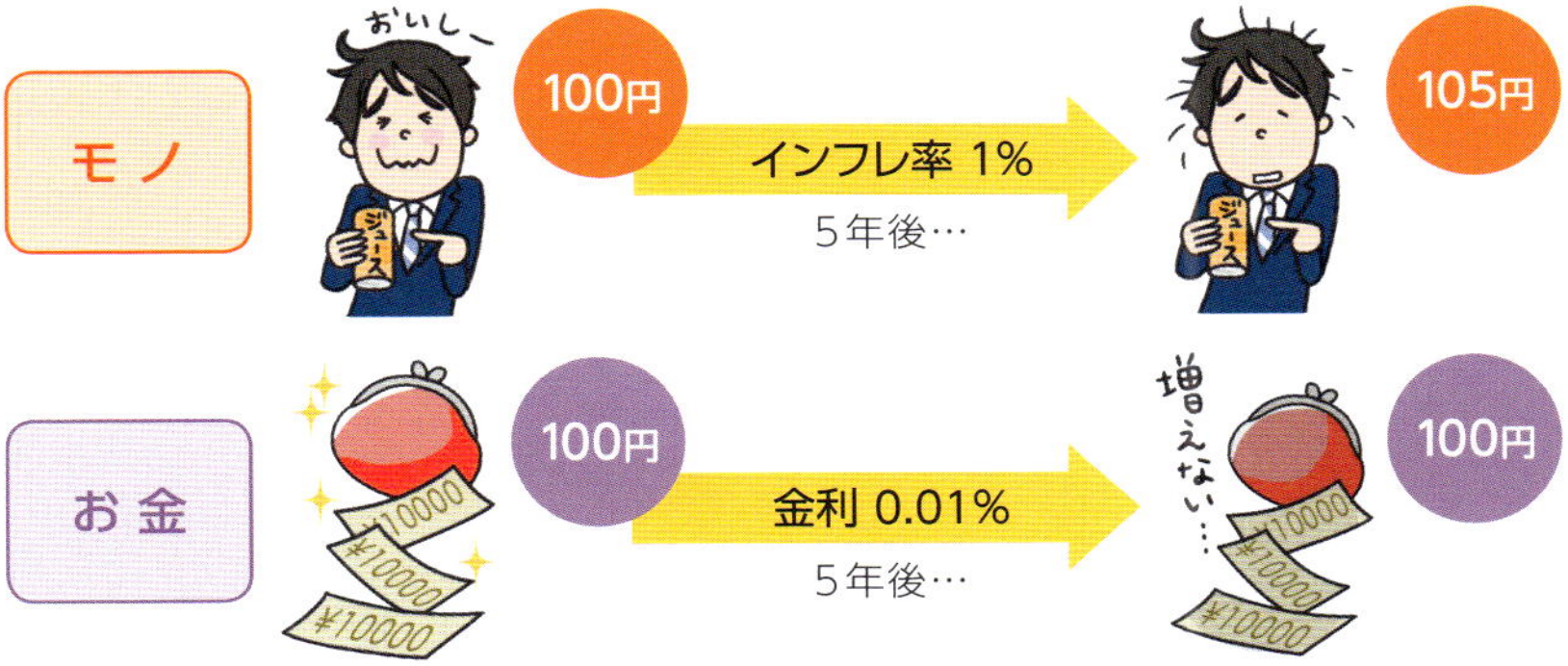


※手数料・税金は考慮えずに、複利で計算した場合

インフレで物価が上がると、お金の価値が相対的に減ってしまうよ！

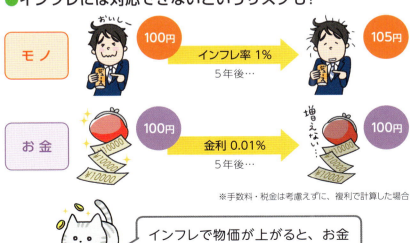

Topic 5

会社の成長の力を借りて増やせる！

# 投資信託「株式型ファンド」

## 一番身近な国内株式型

　投資信託は「何に」「どこに」投資しているかで分類するとわかりやすくなります。株に投資できる投資信託が株式型ファンドです。特に、**日本の株式市場に上場する株のみ組み入れる投資信託を国内株式型といいます。**何より、自分の国ですから安心感がありますし、名前を知っている会社も多いでしょう。**投資信託の手数料も他の国に投資する商品に比べて安い傾向があります。**

　国内株式型の投資信託がよく参考にする指数に「日経平均株価」と「TOPIX（東証株価指数）」があります。どちらもニュースなどでチェックしてみましょう！

## 世界の株にも投資できる

　アメリカや欧州などの先進国に投資する商品が先進国株式型です。一方、中国、インド、ブラジルなどの新興国に投資する商品が新興国株式型です。さらに、先進国にも新興国にも投資する全世界株式型という商品もあります。一般に、**国内より先進国、先進国より新興国の方がリスクは高め。新興国は上昇の勢いも下落の勢いも大きくなります。**また、外国に投資する場合、為替レートの変動によっても損益が変わります。なお、為替ヘッジありの商品を選ぶと、為替レートの影響を抑えることができますが、その分コストがかかります。

用語解説

**為替ヘッジ：**為替の変動による損失を避ける取引のこと。先物取引や信用取引などの手法を使って、将来の通貨交換の為替レートを先に決めておく手法。為替変動リスクは減らせるが、その分コスト（ヘッジコスト）がかかる。

# 株式型ファンドの基本知識をおさえる

## ●日経平均株価とTOPIXの違い

| | 日経平均株価 | TOPIX |
|---|---|---|
| 提供会社 | 日本経済新聞社 | 東京証券取引所 |
| 銘柄数 | 225 | 約2200 |
| 算出方法 | 225銘柄の株価を平均して算出 | 採用銘柄株の時価総額を元にして算出 |
| 採用銘柄 | 日本経済新聞社が会社の規模や業種、株の取引量などを元に決める | 東京証券取引所に上場している銘柄 |
| 特徴 | 株価の高い銘柄の値動きが大きく影響を与える<br>1年に1回銘柄の入れ替えがある | 時価総額の高い銘柄の値動きが大きく影響を与える |

国内株式型の投資信託には、日経平均株価やTOPIXの値動きと連動するものがたくさんあるよ！

## ●株式の投資先別におけるリスク・リターンの関係性

国内より先進国、先進国より新興国のほうが利益が出たときは儲かりますが、逆に損失も大きくなりがちです。

Topic 6

# 投資信託「債券型ファンド」

## 値動きは株に比べて比較的穏やか

### 債券は定期預金と似ている!?

債券に投資する投資信託が債券型ファンドです。iDeCoや一般NISAは、債券型に投資できます。つみたてNISAに債券型はありませんが、バランス型(→P140)で債券に投資することが可能です。

**債券は、資金を集めようとする国や自治体、会社が発行する借用証書のようなもの**です。私たちが債券を購入すると、所定の利息が受け取れ、満期になると定期預金と同じように元本が戻ってきます。

一般に、債券の価格は金利が下落すると上昇します。逆に、金利が上昇すると債券の価格は下落します。

### リスクの考え方は株式型と同じ

債券型も国内債券型・先進国債券型・新興国債券型に分類できます。

リスクの考え方は株式型と同じです。先進国で政治・経済が安定しているほどリスクが低く、新興国で不安定な国ほどリスクが高くなります。しかし、**株式型ほどリスク・リターンの幅は広くありません。**また、値動きも株式型より安定しています。

外国の債券の中には、高い利息が受けられるものもありますが、債務不履行によってお金が返ってこないリスクも高まります。ですが、投資信託で各国の債券に分散投資すれば、そのリスクも軽減できるでしょう。

用語解説

**(債券の)債務不履行：**債券の金利や元本が約束どおりに支払われない状態。デフォルトともいう。債務不履行になるとお金が返ってこない可能性もある。債務不履行のリスクを測る物差しに「格付け」がある(次ページ図参照)。

# 債券のしくみと特徴

## ●元本＋利息が受け取れる

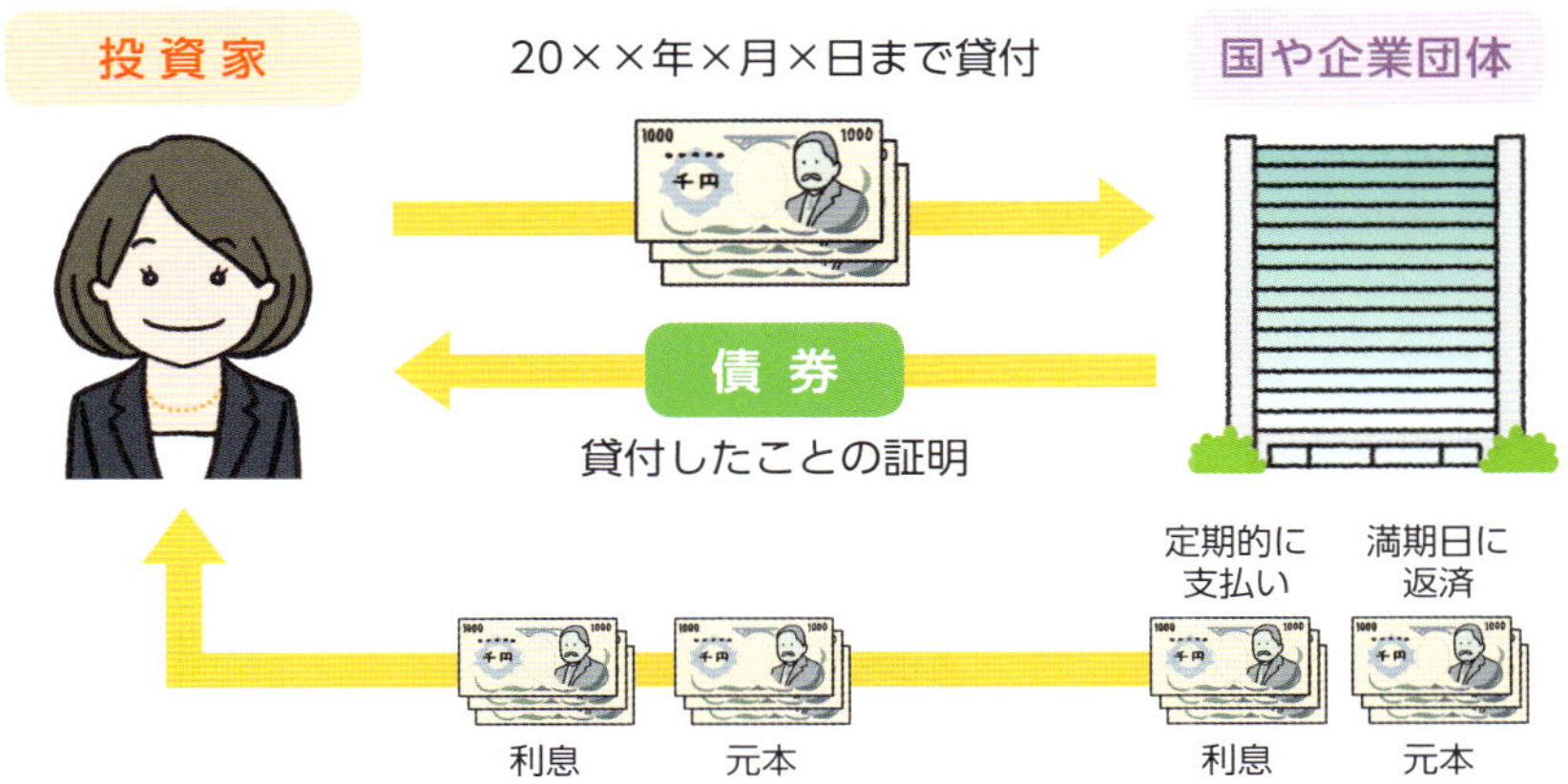


## ●債券の信用度は格付けで確認！

**格付け** 元本や利子が返ってくるかという信用度を表す指標。S&P・ムーディーズ・R&I・JCRといった格付け機関により調査・公表されている

| S&P·R&I·JCR | ムーディーズ | 信用度 | 金利 |
|---|---|---|---|
| AAA | Aaa | 高い | 低い |
| AA | Aa | ↑ | ↑ |
| A | A | | |
| BBB | Baa | | |
| BB | Ba | | |
| B | B | | |
| CCC | Caa | | |
| CC | Ca | ↓ | ↓ |
| C | C | 低い | 高い |

BBB(Baa)以上が「投資適格」

BB(Ba)以下は「投資不適格」

※数字やプラスマイナスの記号などでさらに細分化される

債券型ファンドがどの債券を組み入れているかによって、リスクやリターンが変わります。

Topic 7

## 世界中の不動産の間接的な大家さんになれる

# 投資信託「不動産投資信託（REIT）」

### さまざまな不動産に分散投資

不動産に投資する投資信託を不動産投資信託（REIT）といいます。

REITには、**日本国内の不動産に投資するJ-REITと、外国の不動産に投資する国際REITの2つがあります。**

REITが投資する不動産は、オフィスビル、マンション、商業施設、ホテルなどさまざま。REITによってどの不動産に投資するかが決まっています。

REITもiDeCoや一般NISAで投資可能。つみたてNISAにはREITがありませんが、バランス型の中には、REITを組み入れているものもあります。

### 値上がり益と家賃で安定収入

REITの主な収益源は2つ。ひとつは**不動産価格の値上がりによる利益**です。人気の物件は値上がりしますので、安いときに買って高いときに売れば利益がでます。

2つめは**賃料収入、つまり家賃**です。不動産市場は景気の影響を受けますが、いくら不景気になったからといって、家賃を払う人が急にいなくなるわけではありません。ですから、安定した収入が見込めるのです。

**一般的にREITのリスクは債券と株の間くらい**です。ただし、国際REITの場合、為替レートの変動による利益や損失が生まれることもある点には注意しましょう。

Memo

コロナショックによりREITの価格は暴落。東証REIT指数（東証に上場するREITの値動きを示す指数）の下落率は、日経平均株価の下落率を上回りました。特にホテル系や商業施設系のREITで、今までになかったリスクを認識する結果となりました。

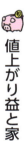

# 手軽にできる不動産投資

## ●REITのしくみと特徴

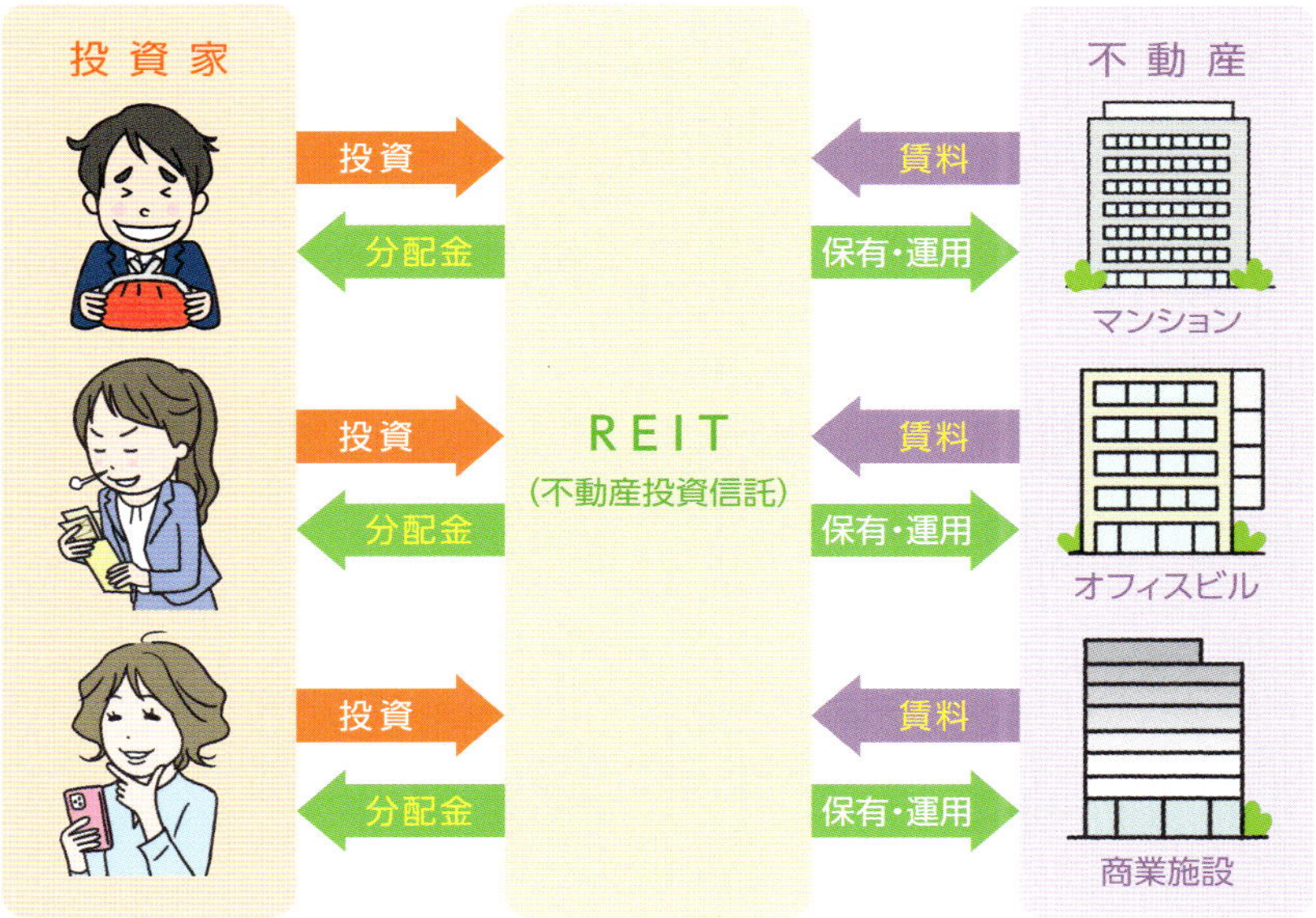


REITは投資家から集めたお金で不動産を保有・運用して、得られた利益を投資家に還元しています。

## ●REITが従来の不動産投資より優れている5つのポイント

❶少額で投資できる
❷さまざまな物件に分散投資ができる
❸借りてくれる人を探す必要がない
❹物件を管理する必要もない
❺いつでも売ることができる

自分で不動産を買うよりずっと手軽に不動産に投資ができるよ！

Topic 8

## 1本で複数の資産に投資

# 投資信託「バランス型ファンド」

### 1本で分散投資が実現する！

国内外の株式、債券、不動産といった複数の資産に1本でまとめて投資できる投資信託をバランス型といいます。

何かひとつの資産に集中的に投資した場合、当たった場合の利益は大きくなりますが、外れた場合の損失も大きくなってしまいます。それを防ぐ分散投資の大切さは130ページでお話ししたとおりです。

**バランス型の投資信託は、1本買うだけで分散投資ができます。**つまり、自分自身でバランスを考えて複数の投資信託を購入する手間が省けるのが大きなメリットです。値動きも比較的安定します。

### ほったらかし投資にも向いている

バランス型の投資信託で主流なのが、国内株式・外国株式・国内債券・外国債券の4資産に分散投資するもの。そして、国内株式・先進国株式・新興国株式・国内債券・先進国債券・新興国債券・国内REIT、国際REITの8資産に分散投資するものです。いずれのバランス型も、**投資が進んでそれぞれの資産の比率が変わってきたら、元の比率に調整してくれる（リバランス）のがメリット**になっています。

バランス型を1本だけ買って、あとはほったらかしておくのも一案です。投資に手間をかけたくない人におすすめです。

用語解説

**リバランス：**投資をした結果、増えた資産を売ったり、減った資産を買ったりして、資産の配分を元に戻すこと。リバランスをすると、値上がりした資産を売って利益確定するとともに、値下がりした資産を買うことにつながる。

## 1本で複数の資産に投資できるバランス型

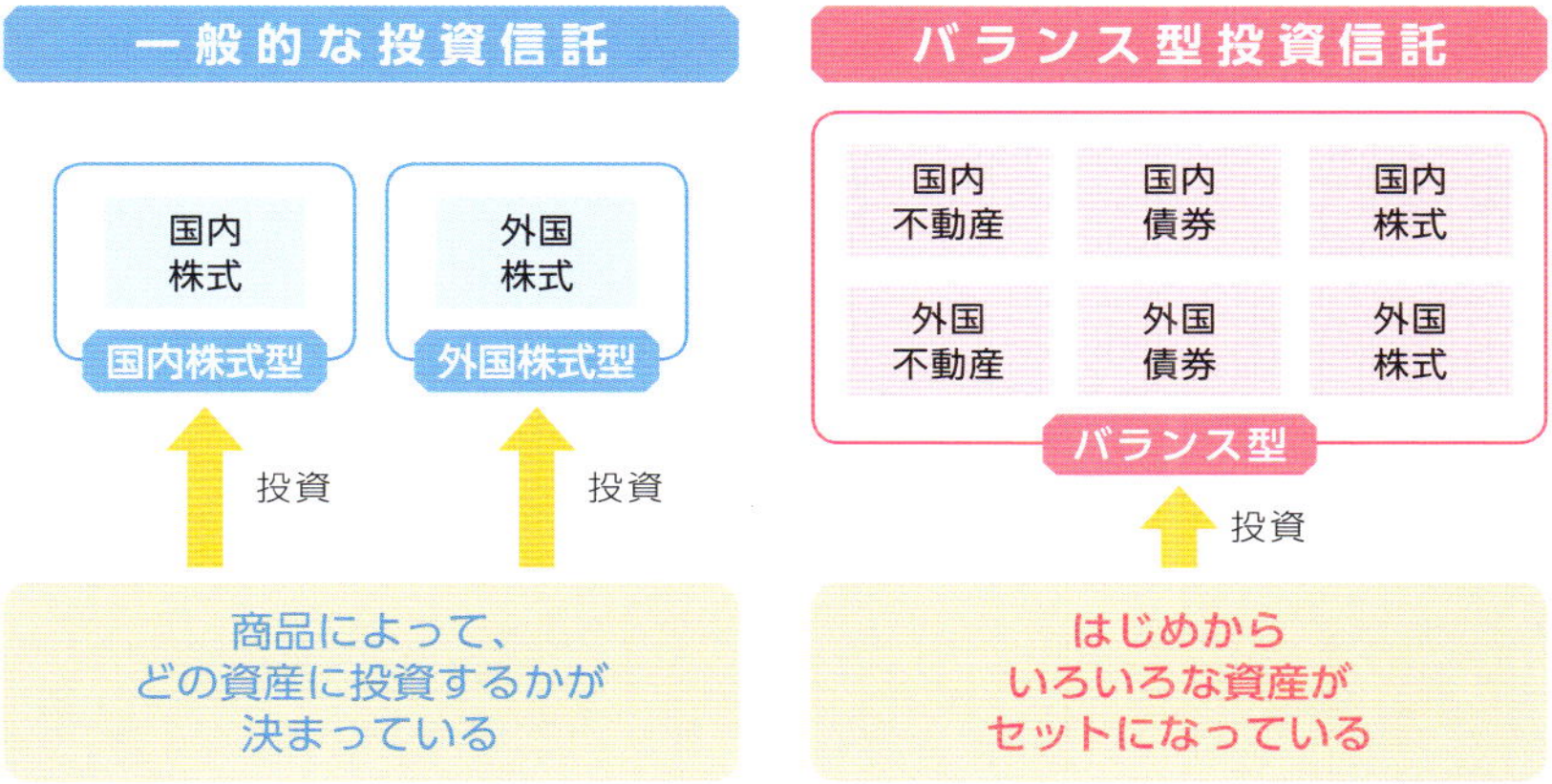

バランス型は1本買うだけで複数の資産に分散投資できます。どの資産にどれだけ投資するかは、商品により異なります。

### ●バランス型の投資信託の中身をチェック！

ニッセイ・インデックスバランスファンド（4資産均等型）

4資産に均等分散投資

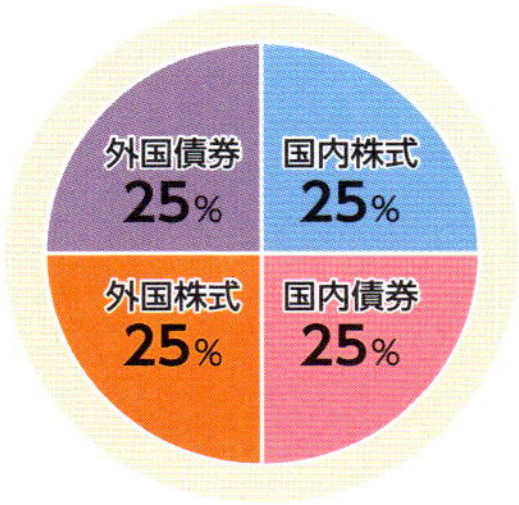


eMAXIS Slim バランス（8資産均等型）

8資産に均等分散投資

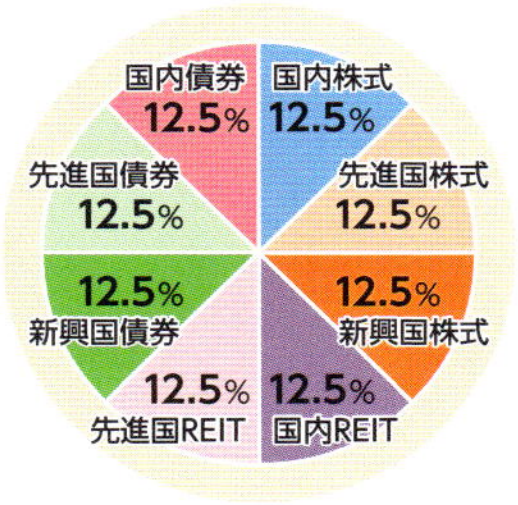

リスクの大きい資産を多く組み入れている商品ほどハイリスク・ハイリターン！ 上の例では、8資産均等型のほうがハイリスク・ハイリターンになるよ。

Topic 9

## 資産配分が自動的に調整される
# ターゲットイヤー型・リスクコントロール型

### 状況に合わせて資産配分が変わる

投資信託の中には、投資している間に資産配分が調整されるものがあります。

**ターゲットイヤー型は、ライフサイクルによって資産配分が変わります。**たとえば、若いうちは株式中心でハイリターンを狙い、歳を重ねるごとに徐々に債券にシフトして安全運用を行う、といった運用ができます。多くは名前に2050などといった西暦や、30、40といった年代が記載されています。

また、リスクコントロール型は、国内外のさまざまな資産に投資しながら、**運用会社がリスクを回避するために機動的に資産配分を変更する**投資信託です。

### 一見おトクそうだが欠点も……

両方とも、リスクを抑えつつリターンも狙えるいい商品だと思うかもしれません。

しかし、**ターゲットイヤー型は取れるリスクを年齢だけで判断する点に注意。**必ずしもその人にあった投資になるとは限りません。また、リスクコントロール型は相場の上昇局面では、インデックス型ほどの値上がりが期待できませんし、下落局面も必ず損失回避できるわけではありません。

そして何より、**どちらも信託報酬（→P144）が高いものが多い**のが欠点。これらを買うのであれば、より信託報酬の安い通常のバランス型をおすすめします。

Memo

ターゲットイヤー型には、若いうちの積極運用で抱えた損失が大きいと、歳を取ってからの安定運用では挽回しにくくなるという欠点もあります。

## 2つの違いを理解しよう！

**ターゲットイヤー型**

投資家の年齢に合わせて資産の割合を変化させる投資信託

●例

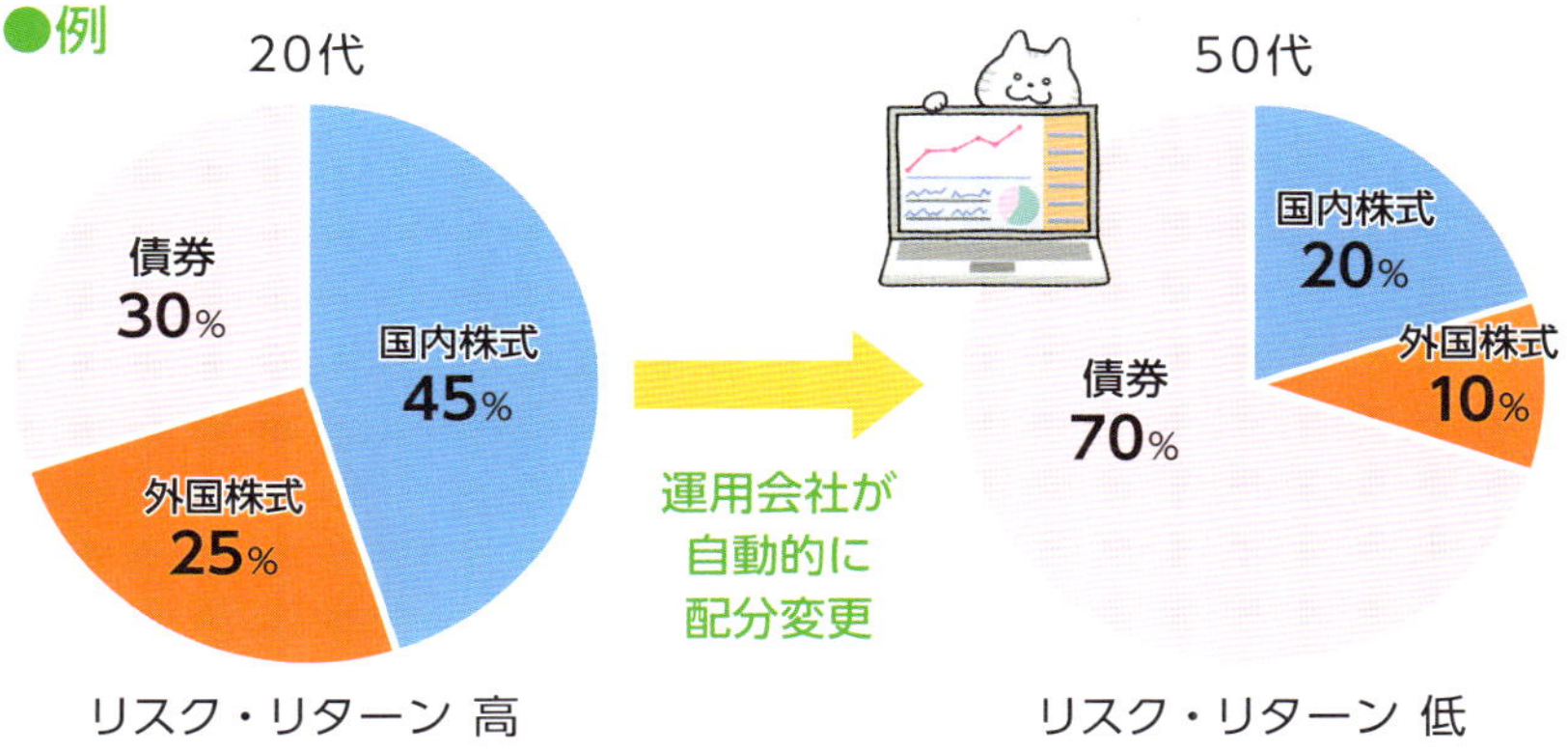


**リスクコントロール型**

リスクを回避するために運用会社が機動的に資産配分を変更する投資信託

●例

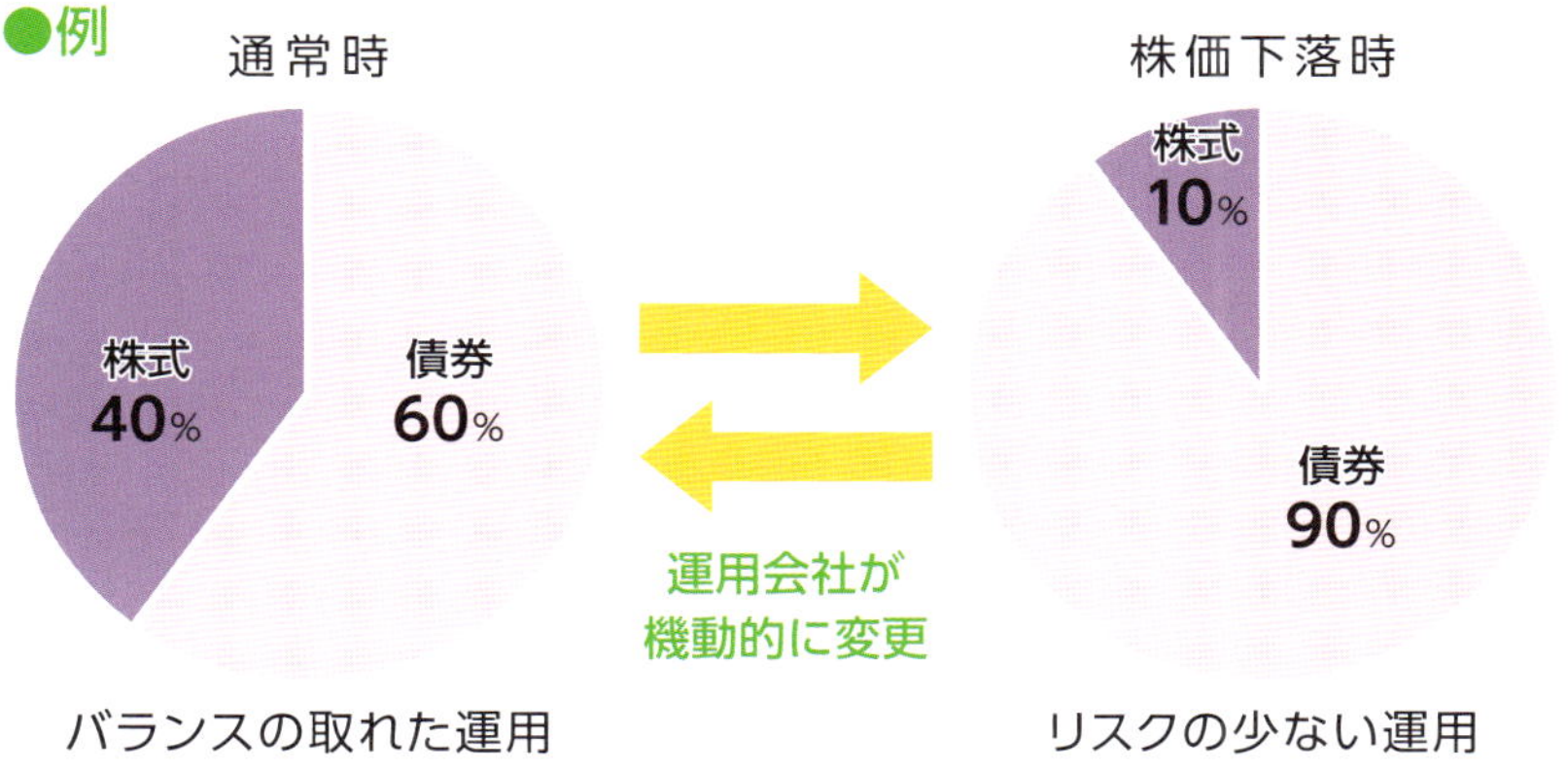


どちらもしくみが複雑で何に投資しているのかわかりにくくなるうえ、手数料も高いのが難点。通常のバランス型を購入するほうがいいでしょう。

Topic 10

**利益を左右する投資信託のコストを知っておきたい！**

# 投資信託にかかる3つの手数料

## 購入時、保有中、解約時にかかる

投資信託では通常、**購入時、保有中、解約時(売却時)にそれぞれ手数料がかかります。**

購入時にかかる手数料は「購入時手数料」といわれ、手数料率は0～3%程度が一般的です。購入時手数料は投資信託の購入代金から差し引かれます。

**保有中にかかる手数料が「信託報酬」です。**目安は純資産総額の年0・2～3%程度。運用状況にかかわらず、投資信託の資産から毎日差し引かれます。

解約時にかかる手数料が「信託財産留保額」です。相場は0～0・5%程度。解約のペナルティとして、解約資産の一部を投資信託に残します。なお、最近は信託財産留保額がないものも増えています。

## 信託報酬は少しでも安いものを

つみたてNISAやiDeCoを使って投資するとき、**もっとも重視すべき手数料は保有中にかかる信託報酬**です。というのも、つみたてNISAやiDeCoでの投資においては、購入時手数料が無料だからです。

保有中ずっとかかる信託報酬は、投資期間が長くなるほどわずかな差が大きな金額差になって表れます。つみたてNISAやiDeCoの投資は数十年に及びますので、その影響も大きくなります。

Memo

同じような投資先の商品で迷ったら、手数料が少しでも安いものを選んだほうがおトクだといえます。なお、近年は、購入時手数料が無料のノーロードと呼ばれる投資信託も増えています(つみたてNISAやiDeCoでは購入時手数料はかかりません)。

# 重視すべきは信託報酬

## ●投資信託にかかる主な手数料

**購入時**

購入時手数料

投資信託を購入するときに一時的にかかる手数料

↓

かからない商品のほうがおトク！

つみたてNISA・iDeCoなら**無料**

**保有中**

信託報酬

重要！

投資信託を保有している間ずっと支払う手数料

↓

手数料が低いほうがおトク！

つみたてNISA・iDeCoなら**安いものが多い**

**解約時**

信託財産留保額

投資信託の解約時の手数料

↓

解約時に徴収して運用を安定させる手数料なので、長期保有者にはあったほうが有利

## ●例：100万円を20年間、年利3%で運用
## 信託報酬１%の場合と0.1%の場合の資産の差額は？

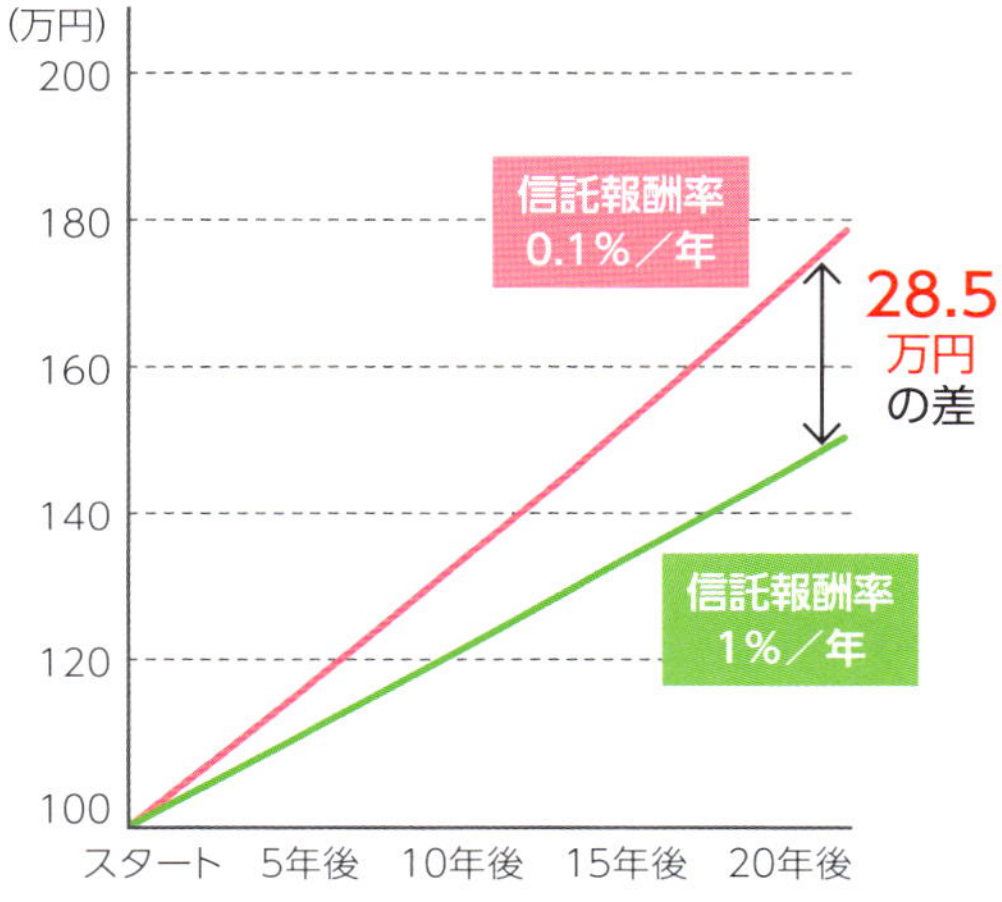


一番重視すべきは保有中の信託報酬。左の例では、わずか0.9%の違いが28.5万円の差を生み出しました。

Topic 11

## 投資信託の運用手法の違い

# インデックス型とアクティブ型

### 指標に対する目標が異なる

投資信託は、運用手法の違いによって大きく「インデックス型」と「アクティブ型」の2種類に分けられます。

**インデックス型は、目標とする指標（ベンチマーク）に連動することを目指す投資信託**です。たとえば、「TOPIXに連動するインデックス型」の商品に投資をすれば、TOPIX全体に分散投資をするのと似た効果が得られます。

一方、**アクティブ型は、指標を上回ることや「年10％のリターン」などと絶対収益を得ることを目指す投資信託**です。日経平均株価をベンチマークにした場合、日経平均株価を上回ることを目指します。

### インデックス型はコストが安い

一見、アクティブ型のほうが儲かりそうですが、実はプロのファンドマネジャーの力をもってしても、指標を上回るのは大変です。そのうえ、**インデックス型よりアクティブ型のほうが信託報酬は高め**です。インデックス型の運用は指標に合わせて機械的に行われますが、アクティブ型はファンドマネジャーが投資先を分析する手間がかかるためコストが高いのです。

とはいえ、アクティブ型の中には、インデックス型以上の利益を上げる商品があるのも事実。内容や実績を見定めましょう。

---

用語解説

**ファンドマネジャー：**投資信託の運用を行う専門家。投資信託の運用方針にのっとり、国・業種・会社などを分析している。また、投資先の組み入れ比率や売買のタイミングなども判断する。

## 運用方法の異なる2つの投資信託

### ●インデックス型とアクティブ型の違い

| | インデックス型 | アクティブ型 |
|---|---|---|
| 運用手法 | 指数と連動した値動きを目指す | 指数を上回る運用成果を目指す |
| 値動きのイメージ | 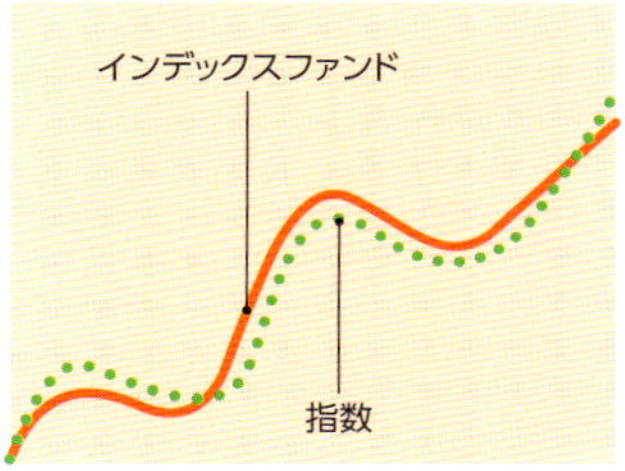 | 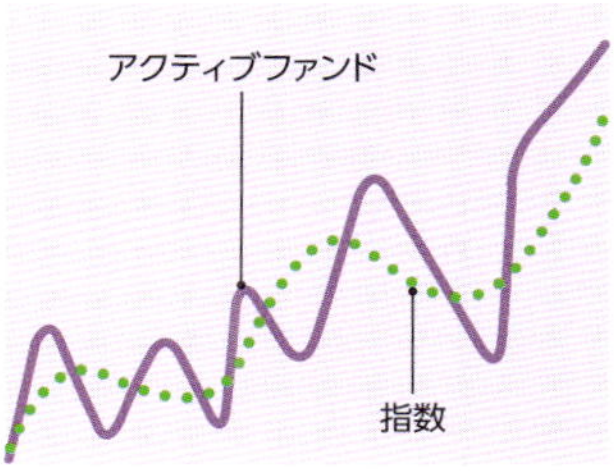 |
| 商品（ファンド）ごとの運用成績 | 同じ指数に連動するものなら運用成績にあまり差がない | 商品による差が大きい |
| コスト（信託報酬） | 低い | 高い |

投資信託を買う前には、インデックス型なのかアクティブ型なのかを必ずチェック！

### ●インデックス型に勝てないアクティブ型は多い

| 市場平均に勝てなかったアクティブ型ファンドの割合（%） | | | | |
|---|---|---|---|---|
| | 1年 | 3年 | 5年 | 10年 |
| 日本の大型株ファンド | 67.7 | 77.2 | 90.4 | 81.9 |
| 日本の中小型株ファンド | 75.1 | 49.7 | 47.0 | 52.1 |
| 米国株式ファンド | 52.2 | 90.3 | 94.6 | 90.6 |
| 新興国株式ファンド | 80.2 | 87.6 | 91.1 | 100.0 |

「SPIVA®日本スコアカード」2022年年末版より作成

市場平均を上回れないということは、インデックス型に勝てていないということです。とはいえ、アクティブ型の中にはインデックス型を大きく超える利益を出すものもあります。

Topic 12

# 投資信託選びのポイント

## 自分にあった1本を見つける秘訣

### まずは、規模や手数料に注目

さまざまな投資信託から、自分にあった商品を選ぶポイントをまとめて紹介します。インデックス型なら、**投資信託の規模を表す純資産総額と価格を表す基準価額がともに右肩上がりで増えていることが大切**です。これらは運用成績が好調で、投資家からの人気が高いことを示します。逆に純資産総額が極端に減っていると、繰上償還の可能性もあるので、必ず確認しましょう。

**信託報酬が安いことも重要。**同じベンチマークの商品は、似た値動きをします。そのときに利益の差を生むのは信託報酬です。**投資先はなるべく多いもの、市場全体をカバーできるものを選ぶといいでしょう。**そのほうが、分散投資の効果が高まります。

### アクティブ型はリターン重視

アクティブ型は何よりリターンを重視します。インデックス型より手数料が高くても、インデックス型を上回る運用ができていればさほど気にする必要はありません。少なくとも3年、**できれば5年・10年といった長いスパンでの運用成績を確認し、順調に伸びているものを選びましょう。**

また、同程度のリスクの商品の中で収益性が高いことを表すシャープレシオもチェック。数値が高いほど、効率よく利益が上げられていることを表します。

用語解説

**繰上償還：**投資信託の運用が満期になる前に終了すること。投資信託の資産が大きく減ったり、投資信託会社が破たんしたりしたときに行われる場合がある。特に損を抱えているときに繰上償還すると、損が確定する。

## いい投資信託のチェックポイント

**インデックス型の場合**

| | |
|---|---|
| ①純資産総額 | 多いほどいい |
| ②運用成績（純資産総額・基準価額の推移） | 右肩上がりだといい |
| ③信託報酬 | 低いほどいい |
| ④投資先の資産 | 多いほどいい |
| ⑤シャープレシオ | 値が高いほどいい |
| ⑥トラッキングエラー（ベンチマークと実際の値動きの差） | 値が小さいほどいい |

ベンチマークが日経平均株価なら225銘柄、TOPIXなら約2200銘柄ですから、TOPIXのほうがより幅広く分散投資できます。

**アクティブ型の場合**

| | |
|---|---|
| ①運用実績 | 高いほどいい（過去3年以上をチェック） |
| ②純資産総額 | 少しずつ増えているといい |
| ③シャープレシオ | 値が高いほどいい |
| ④資金流出入額 | 順調に流入しているものがいい |

アクティブ型も運用コストは低いほうがよいですが、それより運用コストを大きく上回る実績を出せているかが大切。実績がよいからといって、これからも稼げるとは限りませんが、いい運用をしているかの判断には役立ちます。

金融機関のウェブサイトでは、投資信託ごとの詳細な情報をまとめて掲載しているので、要チェック！

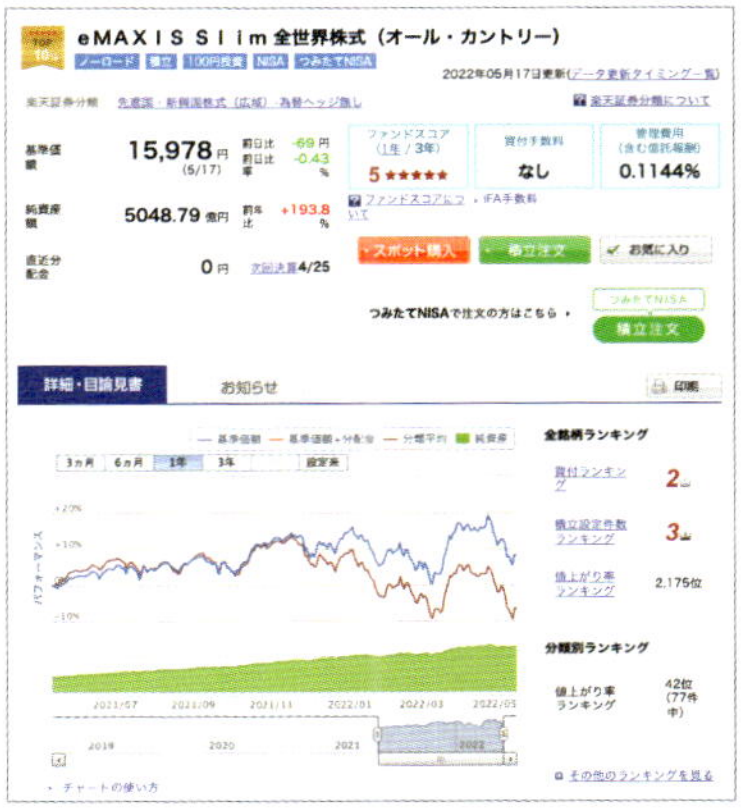


※楽天証券の例

おすすめの商品はこれだ！

# つみたてNISA・iDeCoおすすめの商品

つみたてNISA・iDeCoを実際に始めようとすると、「どの投資信託を選べばいいかわからない」「どうやって組み合わせればいいかわからない」などと悩んでしまう方もいるでしょう。そこで、ここではつみたてNISA・iDeCoでおすすめできる商品7本と、つみたてNISA・iDeCoの4つのポートフォリオ例をまとめて紹介します。

株式インデックス型　　つみたてNISA　iDeCo

## eMAXIS Slim全世界株式（オール・カントリー）

MSCIオール・カントリー・ワールド・インデックスという、日本を含む世界の先進国・新興国の株式で構成された指標との連動を目指します。年0.1144%というとても安い信託報酬で、世界中の株式に分散投資できます。

| | |
|---|---|
| 純資産総額 | 9,721億円 |
| 基準価額 | 17,016円 |
| 信託報酬 | 0.1144% |

| | | |
|---|---|---|
| トータルリターン | 1年 | -0.17% |
| | 3年（年率） | 20.63% |
| | 5年（年率） | ― |

株式インデックス型　　つみたてNISA　iDeCo

## SBI・全世界株式インデックス・ファンド

FTSEグローバル・オールキャップ・インデックスという指標と連動を目指す投資信託。1本で日本を含む世界の大中小型株約9500銘柄、世界の株式の時価総額の98％をカバーします。それでいて信託報酬も安く設定されています。

| | |
|---|---|
| 純資産総額 | 968億円 |
| 基準価額 | 16,071円 |
| 信託報酬 | 0.1102% |

| | | |
|---|---|---|
| トータルリターン | 1年 | -0.45% |
| | 3年（年率） | 20.50% |
| | 5年（年率） | 10.60% |

株式インデックス型　　つみたてNISA　iDeCo

## SBI・V・全米株式インデックス・ファンド

米バンガード社の「バンガード・トータル・ストック・マーケットETF」（VTI）に投資してCRSP USトータル・マーケット・インデックスと連動を目指す投資信託。信託報酬が安く、新しい商品にもかかわらず投資家から広く支持されています。

| | |
|---|---|
| 純資産総額 | 1,396億円 |
| 基準価額 | 11,095円 |
| 信託報酬 | 0.0938% |

| | | |
|---|---|---|
| トータルリターン | 1年 | -2.68% |
| | 3年（年率） | ― |
| | 5年（年率） | ― |

バランス型

つみたてNISA　iDeCo

## eMAXIS Slim バランス（8資産均等型）

国内・先進国・新興国の株式と債券、国内外の不動産の8つに12.5%ずつ均等に投資します。わかりやすいしくみや信託報酬の安さが人気で、純資産総額も堅調に増加しています。バランス型のメリットを活かしつつ、やや積極的に利益を狙うのに向いています。

| | |
|---|---|
| 純資産総額 | 1,835億円 |
| 基準価額 | 13,416円 |
| 信託報酬 | 0.154% |

| | | |
|---|---|---|
| トータルリターン | 1年 | -1.58% |
| | 3年（年率） | 10.06% |
| | 5年（年率） | 5.20% |

バランス型

つみたてNISA　iDeCo

## ニッセイ・インデックスバランスファンド（4資産均等型）

国内債券・国内株式・先進国債券・先進国株式の4資産に25%ずつ投資を行う投資信託。1本買うだけで、債券50%・株式50%の運用ができます。比較的リスクを抑えた運用をしたい方に向いています。手数料も低水準で、たびたび値下げしています。

| | |
|---|---|
| 純資産総額 | 287億円 |
| 基準価額 | 14,475円 |
| 信託報酬 | 0.154% |

| | | |
|---|---|---|
| トータルリターン | 1年 | 1.25% |
| | 3年（年率） | 9.03% |
| | 5年（年率） | 5.41% |

アクティブ型

つみたてNISA　iDeCo

## スパークス・新・国際優良日本株ファンド

今後グローバルでの活躍が期待できる日本企業の銘柄を20銘柄程度選び抜いて投資を行います。分散投資の観点からすれば、広くいろいろな資産に投資すべきですが、そうしなくても10年リターンで10%以上と、信託報酬を補って余りある成果を上げています。

| | |
|---|---|
| 純資産総額 | 1,443億円 |
| 基準価額 | 39,964円 |
| 信託報酬 | 1.804% |

| | | |
|---|---|---|
| トータルリターン | 1年 | -1.05% |
| | 3年（年率） | 10.05% |
| | 5年（年率） | 5.24% |

アクティブ型

つみたてNISA　iDeCo

## セゾン資産形成の達人ファンド

それぞれの地域に強みを持つ投資信託を安全性や長期的な収益力といった基準で選び、投資を行う投資信託です。先進国のファンドが主体になっています。一般的なアクティブ型に比べて信託報酬は安めです。

| | |
|---|---|
| 純資産総額 | 2,288億円 |
| 基準価額 | 31,803円 |
| 信託報酬 | 1.54% |

| | | |
|---|---|---|
| トータルリターン | 1年 | 1.04% |
| | 3年（年率） | 17.73% |
| | 5年（年率） | 9.55% |

2023年4月10日時点（運用成績は2023年4月7日時点）

# つみたてNISA・iDeCoポートフォリオ例

| ポートフォリオ例<br>つみたてNISA・バランス型 | 債券を残しつつ世界中の株で利益アップ |
|---|---|

**目標利回り 6%**

楽天証券で組み合わせ可

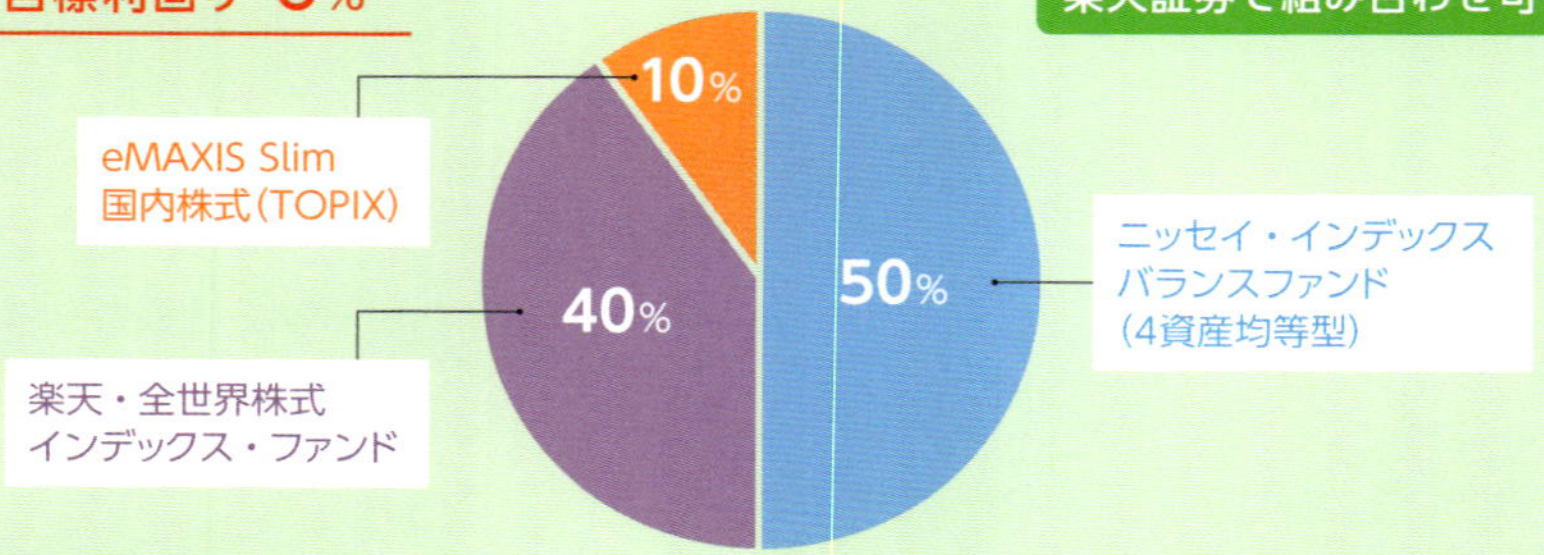

「ニッセイ…」は、国内の株式と債券・海外の株式と債券に25%ずつ均等に投資するバランス型です。これに全世界の株に投資する「楽天…」、日本株に投資する「eMAXIS…」を組み合わせた、債券25%:株式75%の分散投資。堅実な債券を残しつつ世界中の株で利益アップを狙います。

| ポートフォリオ例<br>つみたてNISA・積極型 | アクティブ型を加えて値上がり益を追求 |
|---|---|

**目標利回り 8%**

SBI証券で組み合わせ可

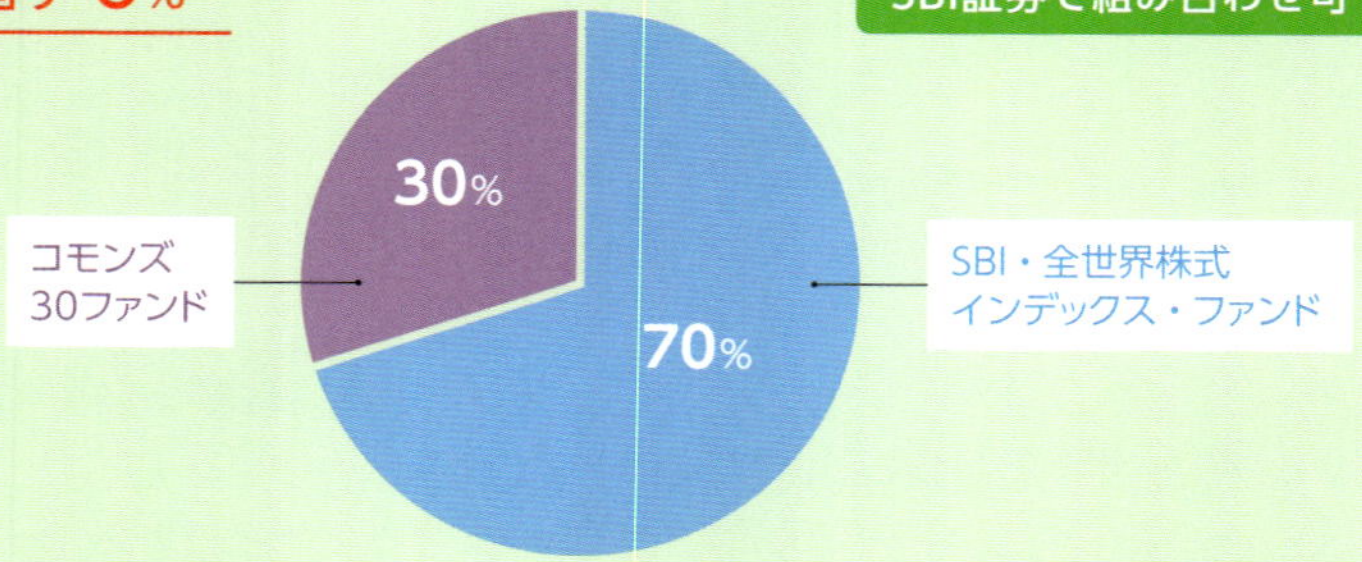


株式インデックス型の「SBI…」で全世界の株式に広く投資しつつ、アクティブ型の「コモンズ…」で国内企業に投資します。「コモンズ…」は投資先を「30年目線・30銘柄・企業との対話」で厳選して投資。純資産総額もリターンも順調に増加しており、評価されている投資信託のひとつです。

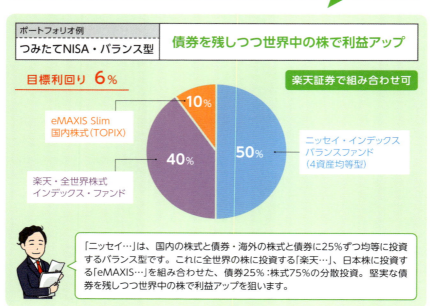

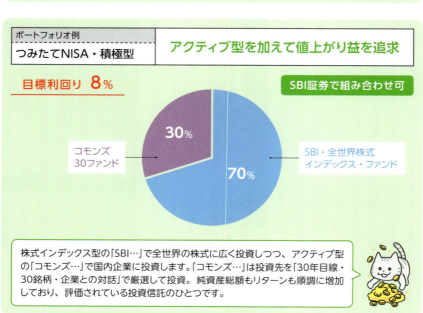

ポートフォリオ例
iDeCo・バランス型

## 株式:債券=50:50でも先進国でリターンを狙う

**目標利回り 4%**

SBI証券で組み合わせ可

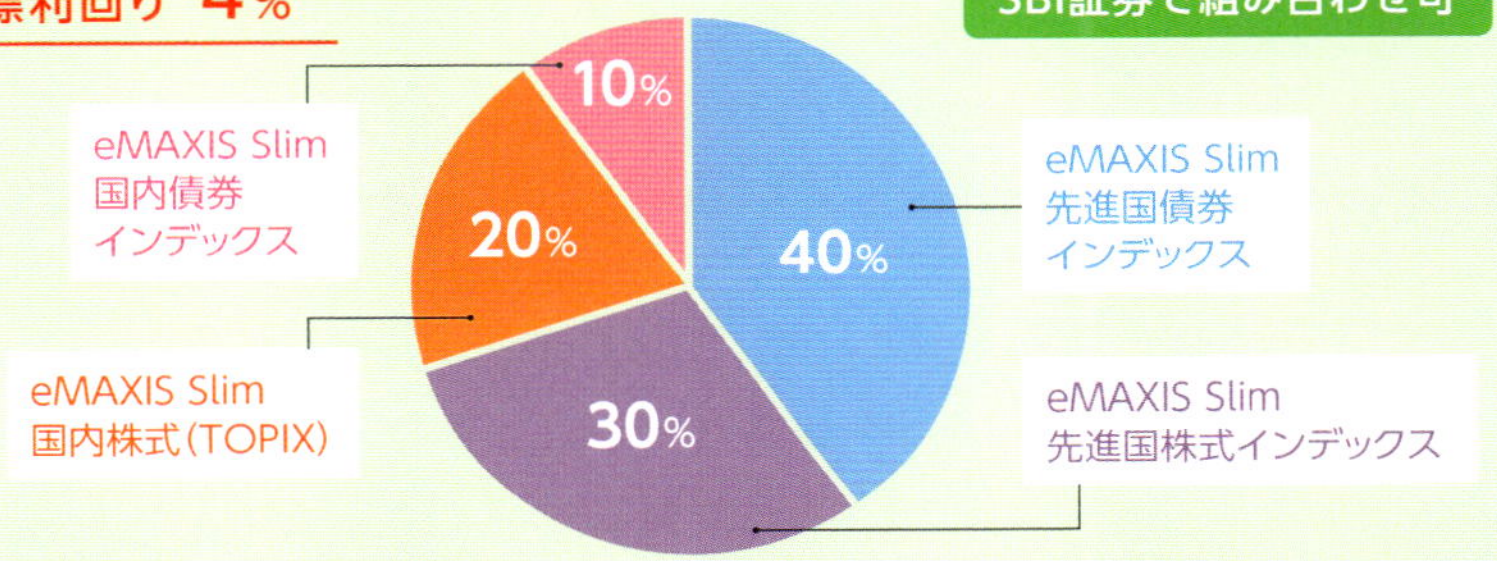

人気のある「eMAXIS」シリーズを中心に構成。株式:債券=50:50のバランス運用ですが、特に国内債券ではリターンが見込めません。そこで、先進国債券・株式の比重を少し高めて、お金を守りつつ増やすことを狙います。

ポートフォリオ例
iDeCo・積極型

## 先進国株式+国内優良株でリターン重視

**目標利回り 7%**

マネックス証券で組み合わせ可

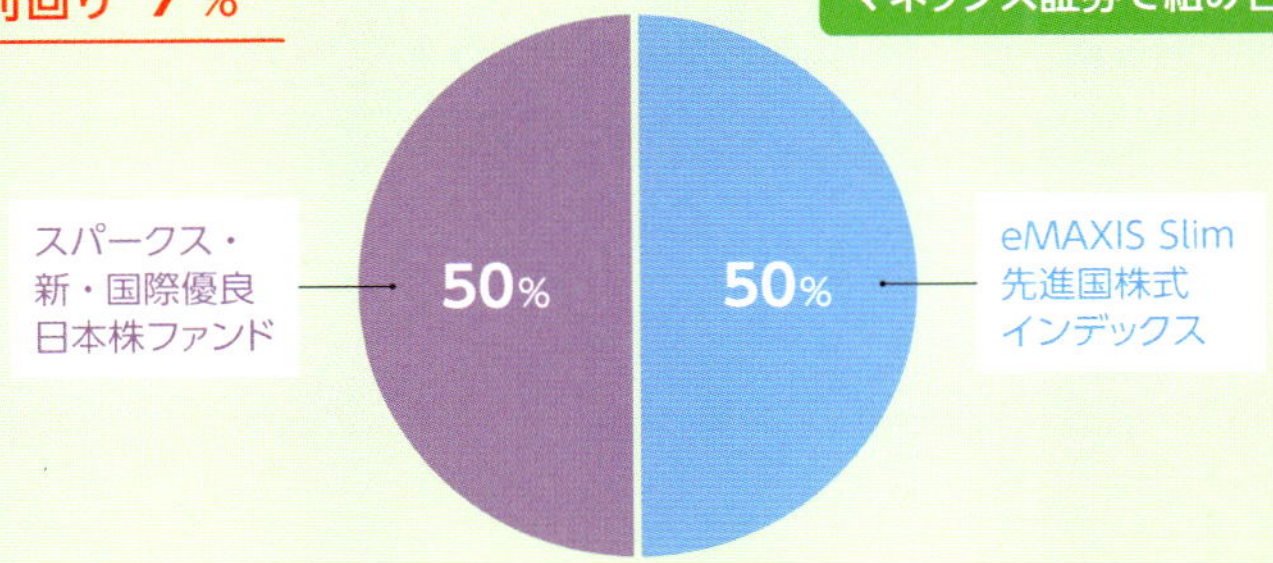


インデックス型の「eMAXIS…」で先進国の株式、アクティブ型の「スパークス…」でグローバルに活躍する日本企業に的を絞って投資。株式100%のポートフォリオながら、新興国は除外することでリスクを抑えています。コストはやや高くなりますが、より積極的にリターンを目指せます。

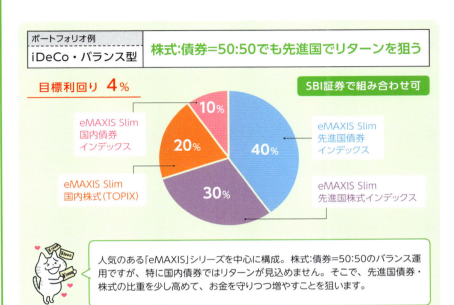

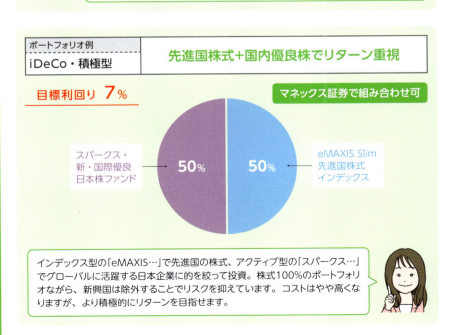

Column

## ETFって何? 投資信託とどう違う?

ETF(Exchange Traded Funds)は、証券取引所に上場している投資信託です。多くの場合、インデックス型と同様、TOPIXや日経平均株価といった指標に連動することを目指しています。

投資信託の基準価額が更新されるのは1日1回だけですが、ETFは上場していますから、市場が開いている間、株式と同じように価格が変化します。ですので、タイミングを見計らって売買することも可能です。タイミングによっては、より安く買ったり高く売ったりできるかもしれません。

かつては、投資信託より手数料が安いこともメリットだといわれてきました。しかし、今は投資信託にも手数料が安い商品が増えているため、それほど大きな差はなくなってきています。

ETFを「積立」で購入できる金融機関はあまりありません。投資信託同様に積み立てていきたいならば、自分でそのつど購入手続きをする必要があります。これは少し面倒かもしれません。

投資信託とETFの違いは少なくなってきていますが、あえていうならば、タイミングを計った売買をしたいならばETF、積立投資で少しずつ増やすなら投資信託がいいでしょう。目的に合わせて上手に使い分けをしていきましょう。

### 投資信託とETFの違い

| | 投資信託 | ETF |
|---|---|---|
| 販売会社 | 取り扱い証券会社、銀行など | 証券会社 |
| 取引価格 | 1日1回算出される基準価額 | 市場価格 |
| 取引可能時間 | 販売会社が決める時間 | 取引所立会時間(リアルタイム) |
| 発注方法 | 基準価額がわからない状況で購入・換金 | 成り行き/指値 |
| 信託報酬 | ETFより一般的に高い | 投資信託より一般的に安い |
| 売買手数料 | かかるものもあるが、<br>かからないものが増えている | かかる |

第5章

# 運用スタート後の不安を解決！

投資を始めたとしても、暴落したらどうしたらいい?
などたくさんの疑問点があることでしょう。
本章は、安心して投資生活が送れるよう、
初心者が投資スタート後に悩みやすい点を
ピックアップして解説しています。

## 運用スタート後も不安がいっぱい!?

あんた
自分のお金が
どうなっているか
気になったり
しないの!?
オンラインで
確認できるんだから
チェックしなよ!
私なんて
利益でてると
毎日見ちゃう
毎日って…
香って
ヒマなの?
うーん
だって自動で
給与口座から
引き落とされて
いくから
自分で関与する
ことないし…
まかせて!
BANK
くん
関与しろよ!
まぁ　確かに
放っておけるのが
つみたてNISAの
メリットの
ひとつですが…
トホホ
それでも
半年に1回ぐらいは
運用状況を確認
したほうがいいですよ
あっ
損失!
PC
自分が投資している
商品の状況を確認して
場合によっては
商品を変えるのも
大切ですからね
なるほど…

それは リーマンショックの ときとかの 場合ですか？
世界の一大事！
株価暴落！
確かに リーマンショックの ときなどは 株式型よりも 安全とされる 債券型のほうが 運用成績が 好調だったりします
そんなに いろいろ判断して 対応できるかな…
心配…
だよね
ただ そんなときでも 焦って騒ぐ必要は ないですよ
長期投資なら 一度暴落したとしても その後の値上がりを 享受することが できますから
リーマンショックや コロナショックなど 今後もいろいろ あるかもしれませんが 市場はいつも 回復してきました からね
荒波をのりこえたぞ
売ってしまうと その回復時期を 逃すって ことですね！

だからほら！俺がやることなんてないじゃん！
気軽ー
オイ…
いやでも…自分のお金に興味を持とうよ…
最近はYouTubeの登録者数も15人に増えたし俺　運が向いてる気がするので大丈夫です！
買っただけで満足しないで投資後にもやるべきことがまだまだあるってことですね
人生何が起こるかわかりませんからね
長期投資ならその間にライフスタイルも変わるでしょうし
そうですよねー
お前が言うな
ガク
ガク
では　最後に投資開始後に知っておきたいことをお話ししましょうか
お願いしまーす!!

Topic 1

お金、きちんと増えていますか？

# 半年に1度は運用状況を確認しよう

## ウェブ上で資産残高をチェック

つみたてNISAでもiDeCoでも、スタートしたら気になるのは、自分のお金が増えているか（減っていないか）でしょう。

**取引の状況はウェブサイトで確認するのが手軽**です。とはいえ、株のデイトレーダーでもないのですから、毎日チェックする必要はありません。**年に1回、できれば半年に1回確認**すればOKです。

自分の口座にログインし、保有商品の一覧を表示すると、現在の資産残高やこれまでに投資した金額（掛金）の額、運用益（運用損）がわかります（損益・評価損益などと書かれる場合もあります）。

## 基準価額はグラフで確認する

続けて、ウェブサイトなどで**投資信託の基準価額と純資産総額が順調に増えているかを確認**しましょう。

仮に運用益がでていたとしても、基準価額や純資産総額が下がると、運用の効率やパフォーマンスが悪くなる可能性があるからです。

各投資信託の紹介ページでは、投資信託の基準価額・純資産総額の推移がグラフで表示されています。これがともに**右肩上がりになっていればOK。**運用が順調で、投資家からの人気も集まっている投資信託だといえます。

用語解説

**取引状況のお知らせ：**iDeCoの拠出金額や資産状況などが記載されている書類。年に1度、金融機関から郵送で届く。なお、つみたてNISAの場合は「取引残高報告書」が届く（電子交付を行う金融機関もある）。

# 運用状況確認時のチェック項目

## ●ウェブサイトで残高確認

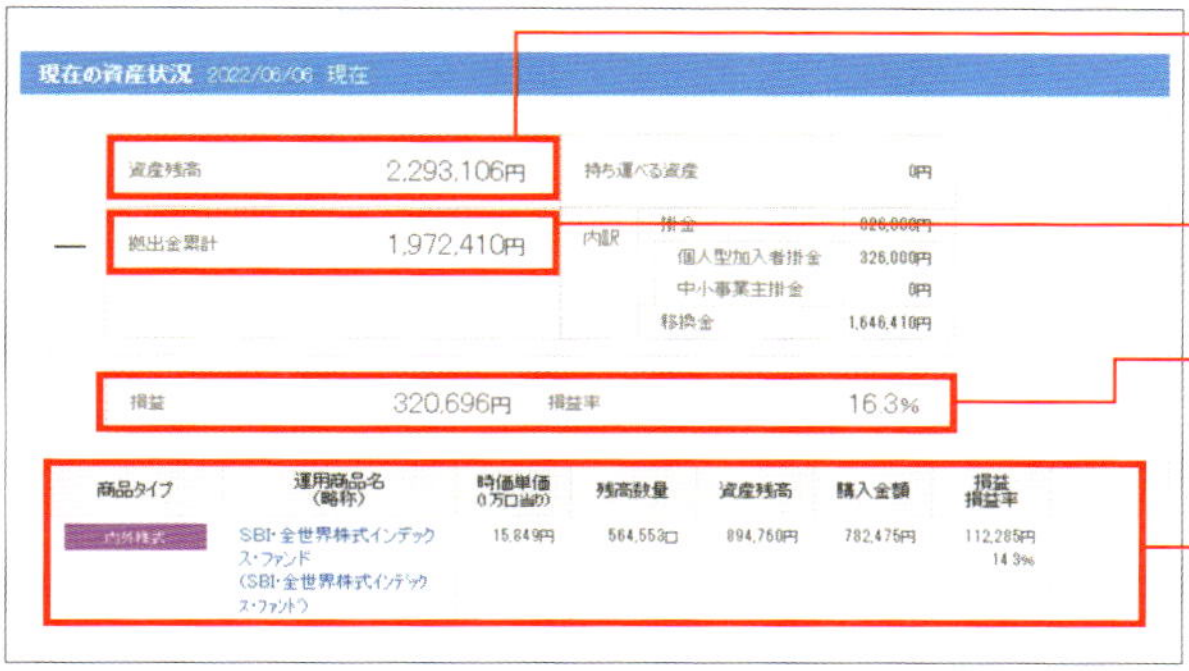


SBIベネフィット・システムズの画面をもとに作成　※サイトにより表示は異なります

複数の商品を買っている場合には、それぞれの商品の割合が変わっていないかも見てみましょう。

## ●基準価額・純資産総額もチェック

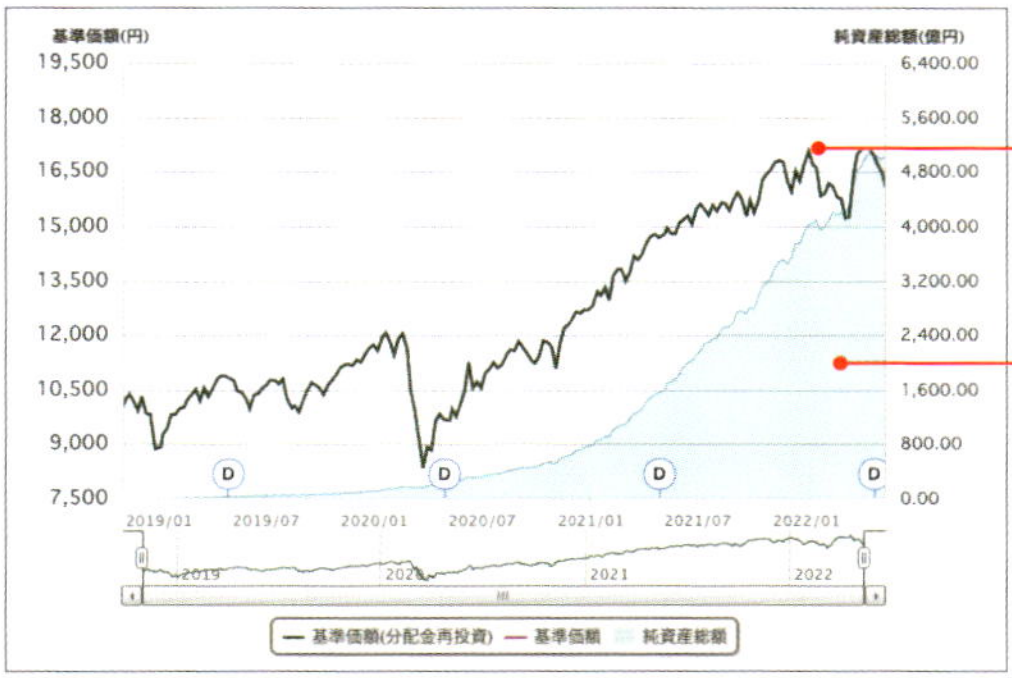


三菱UFJ国際投資「eMAXIS Slim 全世界株式（オール・カントリー）」のチャートより作成

ポートフォリオの資産の比率も要チェック。もし、大きくバランスが崩れているならば、リバランス（P164）を検討しましょう。

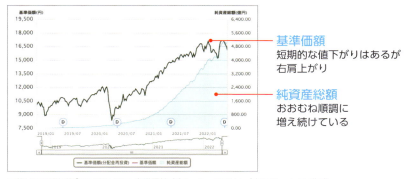

Topic 2

# お金が減った！　どうしよう…？

# 値下がりしていたら売るべき？

## 暴落したら投資信託にも影響が

前ページの手順で資産をチェックしたとき、もし値下がりしていたらどうしますか。値下がりが少しならばまだしも、大きく値下がりしていたら、不安になるかもしれません。バブル崩壊、リーマンショック、コロナショックなど、市場はときに大暴落することがあります。こうしたとき、**無傷でいられる投資信託はほとんどありません。**

たとえば、２０１８年１月から２０２３年４月まで、つみたてＮＩＳＡで月１万円ずつ、Ｓ＆Ｐ５００（米国株指数）に投資していたら、左のグラフのとおり元本割れする場面もでてきます。

## 長期の積立投資で暴落をカバー

値下がりしたからといって、積立投資をストップして売ることはおすすめしません。なぜなら、**売ってしまうと、これから値上がりしたときに資産が回復せず、大きくお金を減らすことになる**からです。

リーマンショックのあった２００８年９月から２０２３年４月までずっと１万円ずつ、先ほどのＳ＆Ｐ５００に投資していたら、元本１７６万円が５３４万円に増えている計算になります。もちろん、これからも必ずこのように回復するとはいえません。しかし、**積立投資こそ暴落をカバーできる有力手段**なのです。

用語解説

**リーマンショック：**アメリカの投資銀行、リーマン・ブラザーズが経営破綻したことで発生した金融危機。世界的に株価が下落し、景気が悪化した。

# 投資は長期目線で取り組もう

## ●2018年からS&P500（米国株指数）に月1万円積み立てた場合の推移

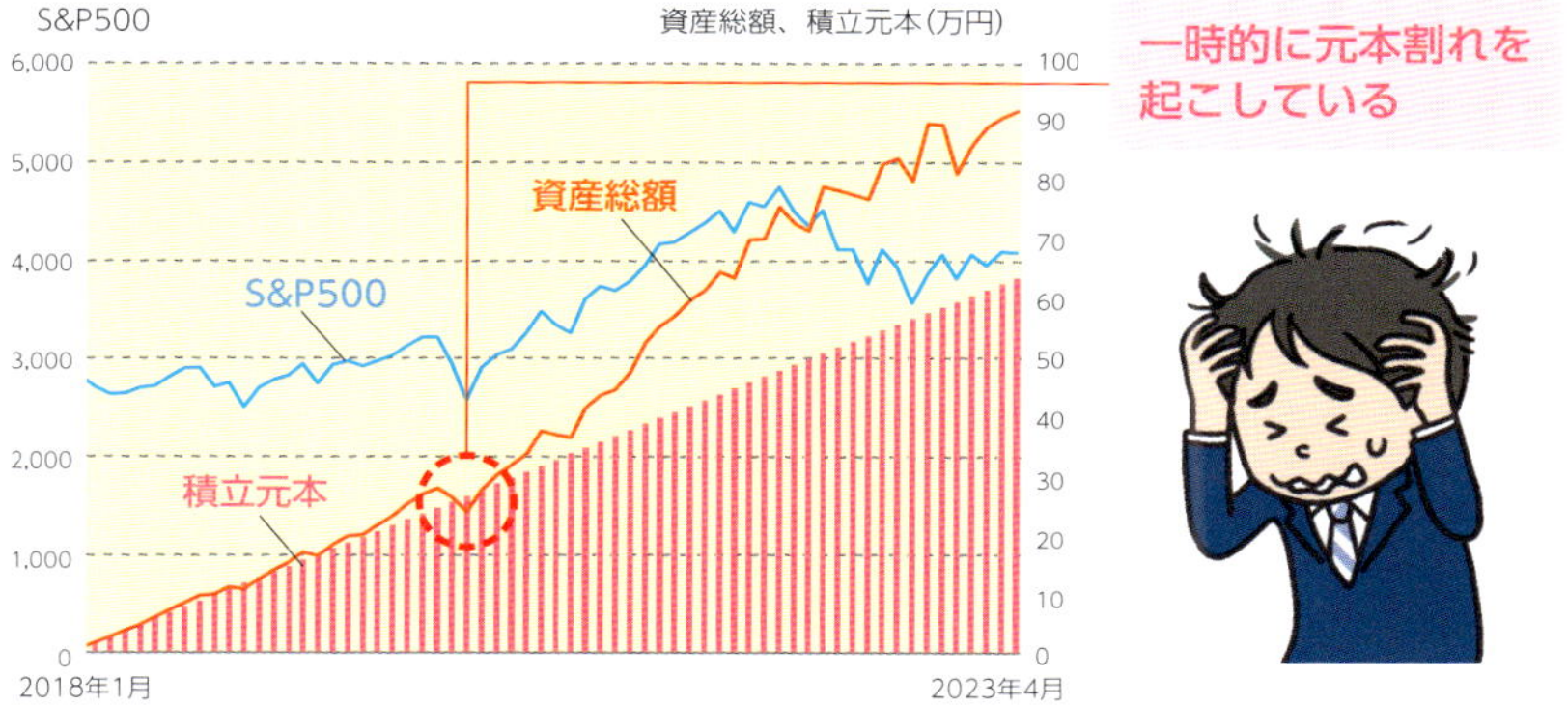


## ●リーマンショックからS&P500（米国株指数）に月1万円積み立てた場合の推移

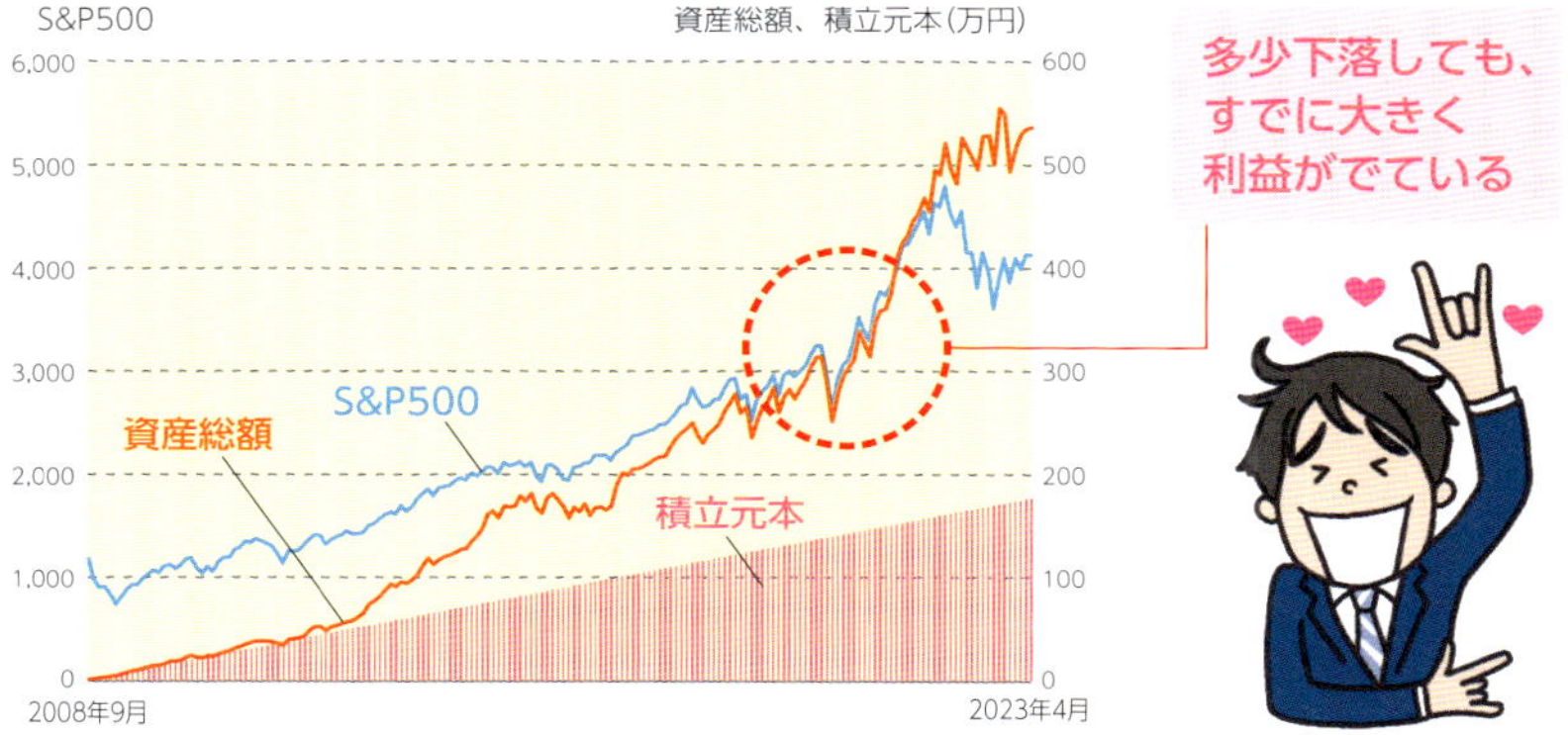


データ出典:S&P500「Investing.com」、為替「東京インターバンク[東京市場]ドル・円スポット」

P46で紹介したドルコスト平均法のことも思い出してください。下落時にたくさん買うことで、平均購入価格が下がるため、値上がり時の利益を大きくする効果があります。

Topic 3

# iDeCoなら配分変更・スイッチングもできる

## リバランスで過度なリスクを解消

### 購入資産の比率を変える配分変更

資産配分が大きく変わった場合に行いたいのがリバランスです。**リバランスは、資産配分の偏りを元に戻すこと**です。リバランスをしないでいると、増えた資産が値下がりしたときのリスクが大きくなってしまいます。リバランスをすることで、そうした過度なリスクをなくすことができます。

iDeCoの場合、配分変更やスイッチングを利用して資産配分の偏りを修正できます。**配分変更とは、今ある資産を売らずに、掛金で購入する資産の比率を変更すること**です。たとえば、国内・海外の株式と債券、4種類の資産を25％ずつ購入していたところ、株式が増え、債券が減ってしまったとします。このとき、配分変更を行って買い付ける株式の割合を減らして、債券の割合を増やすと、資産の配分割合は徐々に元に戻っていきます。

### スイッチングで資産を入れ替える

一方のスイッチングは、保有する資産を入れ替えることです。たとえば、先ほどの4種類の資産のうち、増えた株式を売って、減った債券を買うことをいいます。

**配分変更よりスイッチングのほうが、資産の偏りを早く直すことができます。**しかし、スイッチングでは一部の商品で、解約時に手数料がかかる場合があります。

Memo

現行のつみたてNISAの場合、保有する商品を売っても非課税枠が戻らないため、スイッチングはしにくくなります。商品を変更する場合は、保有する商品は売らずにとっておき、購入する商品を変更するだけにしましょう。

# リバランスで資産配分を元に戻す

**リバランス**

資産配分の偏りを元に戻すこと。資産配分が偏ることで生まれる過度なリスクをなくすことができる。配分変更とスイッチングの2つの方法がある

## ●配分変更

毎月の掛金１万円

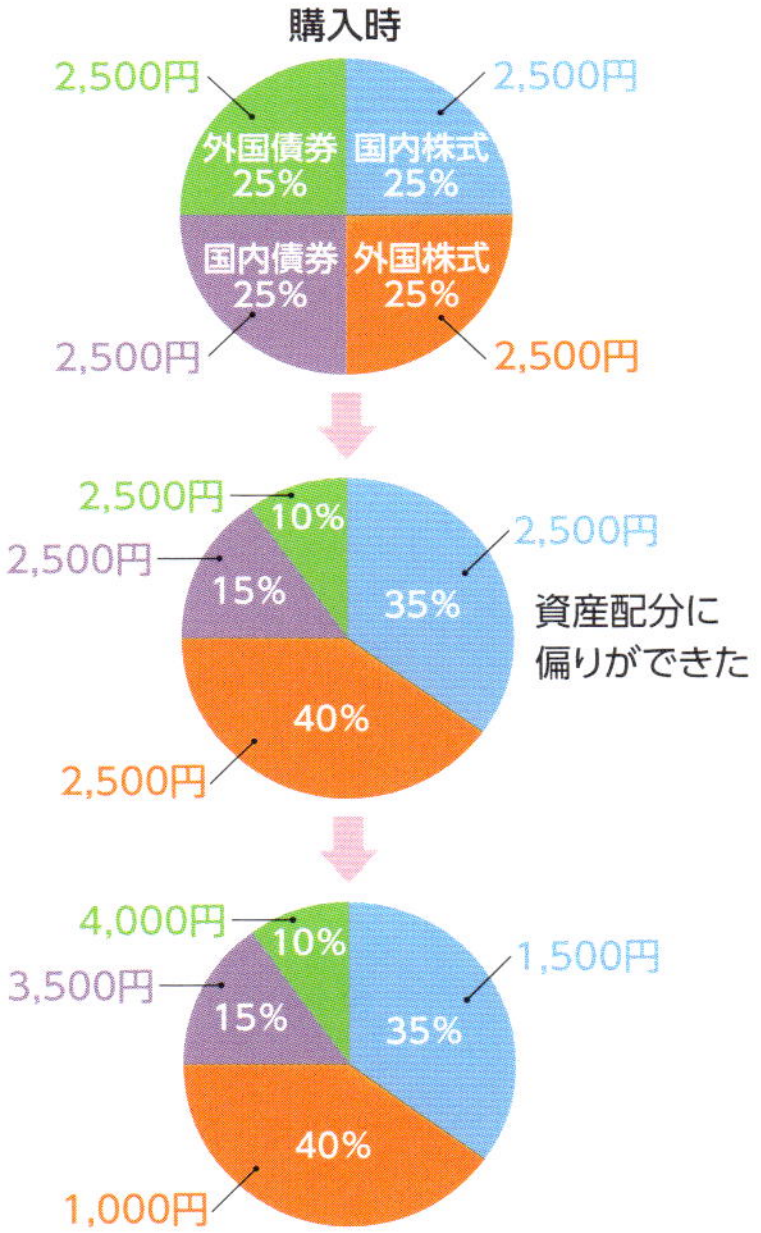


毎月の投資金額の配分を変更して、資産の比率を元に戻す。手数料はかからないが、比率が戻るまでには時間がかかる。

## ●スイッチング

毎月の掛金１万円

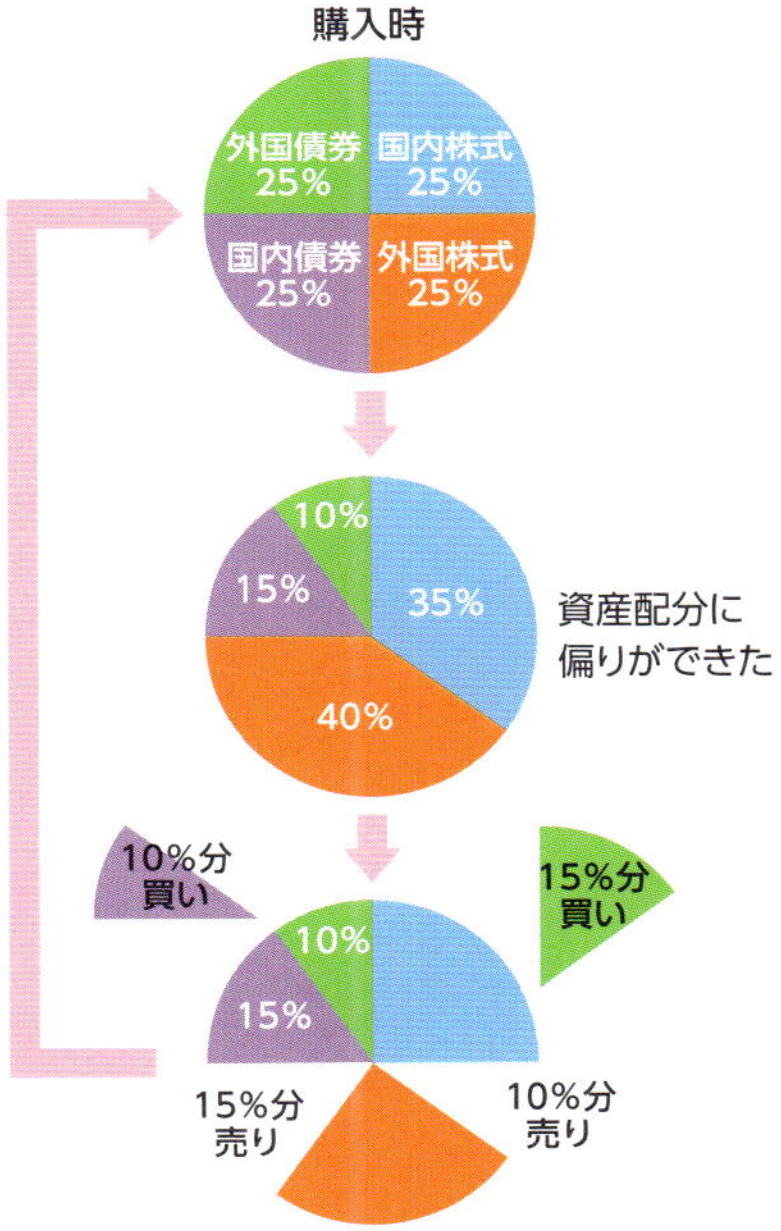


増えた資産を売って、減った資産を買うことで資産の比率を元に戻す。比率は一気に戻るが、手数料がかかる場合もある。

配分変更もスイッチングも、資産配分が15～20%以上変わったというときに行えばOK。スイッチングは、繰り返すとコストがかさむこともあるので注意しましょう。

Topic 4

## お金がなくて運用が厳しくなったらどうする?

# iDeCoの中断は要注意!

### つみたてNISAの中断は簡単!

収入が減るなどして、運用に回すお金を支払うのが厳しくなることもあるでしょう。そんなときは、毎月の投資金額を減らしたり、支払いをストップしたりできます。

**つみたてNISAの場合、減額やストップは自由**です。現行のつみたてNISAの非課税期間は20年ですが、必ず20年間続けなければならないというものではありません。その間いつでも減額やストップができるのです。手続きは、ネットで可能です。

しかし、iDeCoではそうはいきません。**iDeCoの減額やストップは、書類での手続きをする必要があります。**

### iDeCoの中断は負担が多い

iDeCoの**掛金の減額・増額はできますが、最低金額の5000円より少なくすることはできません。**また、積立金額の変更は1年に1回までしかできません。

掛金の停止をしたい場合は、運用指図者になる必要があります。運用指図者になると掛金の払込なしで運用だけできます。

ただし、**掛金を減額・停止している間も、毎月の手数料はかかり続けます。**最低でも、口座管理手数料の年2052円はどの金融機関でもかかるほか、投資信託の信託報酬も必要です。せっかく貯めた資産が目減りする可能性があるので注意しましょう。

用語解説

**運用指図者：**iDeCoで、新たに掛金を支払わずに、運用の指示だけ行う人。加入者資格喪失届を出した人や65歳を迎えた人なども運用指図者になる。なお、一定の65歳未満の運用指図者は再び加入者になり、積み立てを再開することも可能。

## iDeCoの掛金変更・中断の流れ

### ●iDeCoの掛金額の変更

1. **金融機関に資料請求**
   金融機関のウェブサイトや
   コールセンターに問い合わせ
   「加入者掛金額変更届」を請求
2. **必要事項を記入して返送**
3. **変更完了**
   翌月か翌々月から
   掛金の金額が変更される

掛金の変更は年1回のみ。金額は1,000円単位で変更可能です。下限は5,000円、上限は人により異なります。

### ●iDeCoの積立の中断

1. **金融機関に資料請求**
   金融機関のウェブサイトや
   コールセンターに問い合わせ
   「加入者資格喪失届」を請求
2. **必要事項を記入して返送**
3. **変更完了**
   翌月か翌々月から
   掛金の引き落としがなくなる

運用指図者になっている間も口座管理手数料は必要です。口座管理手数料はiDeCoの資産から引かれていきますので、資産が目減りする恐れがあります。

つみたてNISAもiDeCoもメリットは長期・積立・分散投資ができること！ それによって資産を増やしつつ、税金も非課税になるのです。投資が再開できるようになったらすぐに取り組みましょう！

Topic 5

## 退職（転職）したらiDeCoはどうなる？

# 移換手続きを忘れずに！

### 自分の年金は持ち運び自由！

**転職・独立などの際は積み立てたiDeCo・企業型DCの資産を移換できます。**

iDeCo加入者の転職先に企業型DCがある場合は、①企業型DCに資産を移換する、②企業型DCに移換せずiDeCoをそのまま継続する、ことができます。iDeCoと企業型DCを併用することも可能です（→P92）。

また、企業型DC加入者が転職したとき、iDeCoや転職先の企業型DCに移換して運用を続けることも可能です。さらに、独立したり専業主婦（夫）になったりしたときもiDeCoに移換できます。

### 自動移換に要注意！

ただし、**企業型DCの移換手続きは資格を喪失（今までの会社を退職するなど）してから6カ月以内に行う必要があります。**移換手続きをしないと、資産はその時点の市場価格で換金され、「国民年金基金連合会」に自動移換される場合があります。

こうなると運用もできず、利息もつかないどころか、保管手数料まで差し引かれます。さらに、年金の加入期間としても計算されないため、60歳を過ぎても資産が受け取れなくなる恐れがあるのです。

移換する際に、税金はかかりません。必ず移換手続きしましょう。

Memo

企業型DCの資格喪失後６カ月以内に新たにiDeCoに加入した場合や、自動移換の状態で新たにiDeCoの加入者になった場合には、移換手続きなしで企業型DCからiDeCoへの移換が行われるようになっています。

## 自動移換のしくみ

### ●転職・退職後の流れ

企業型DC加入者

- 6カ月後 → 自動移換 → 国民年金基金連合会（特定運営管理機関）に仮預かり → 自動移換された資産をiDeCo・企業型DCに移す → iDeCo・企業型DCに移換
- 6カ月以内に移換手続き → iDeCo・企業型DCに移換

・現金のまま保管され、利息はつかない
・加入期間不足とみなされ、60歳で資産を受け取れない可能性がある

**発生する主な手数料**
- 自動移換時：4,348円
- 自動移換後の管理：52円／月
- 特定運営管理機関からの移換時：1,100円

### ●自動移換後の手続き（60歳未満の場合）

はい　いいえ

**自営業者・学生**
→ 国民年金保険料でいずれかの承認を受けている
- 全部、または一部の申請免除（退職による特例免除を含む）
- 若年者納付猶予（学生納付特例を含む）
- 生活保護による法的免除

　はい →
- iDeCoの運用指図者になる
- 脱退一時金を受け取る（受給要項を満たす場合のみ可）

　いいえ → iDeCoの運用指図者になる／iDeCoの加入者になる

**専業主婦・主夫**／**会社員**
→ 転職先企業に企業型DCがある
　はい → 転職先企業の企業型DCの加入者になっている
　　はい →
- 転職先企業の企業型DCに移換する
- iDeCoの運用指図者または加入者になる

　　いいえ → iDeCoの運用指図者になる／iDeCoの加入者になる
　いいえ → iDeCoの運用指図者になる／iDeCoの加入者になる

**専業主婦・主夫**・**会社員**・**公務員** → はい →
- iDeCoの運用指図者になる
- iDeCoの加入者になる

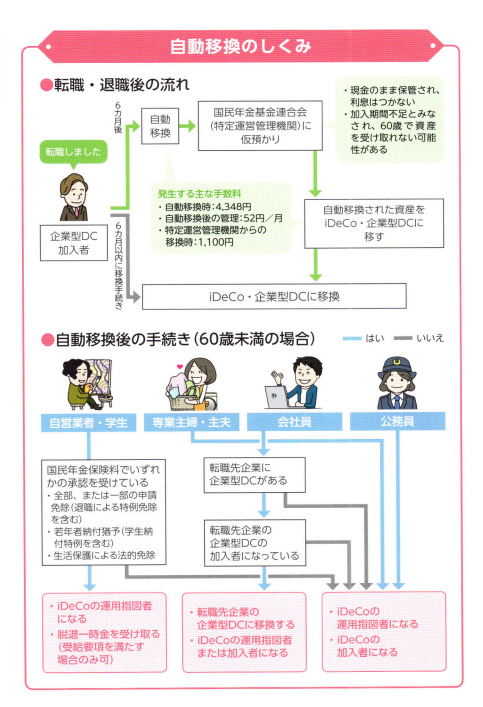

Topic 6

## 年金受け取り時に大暴落があったらどうする？

# 慌てて売ってしまわないことが重要

### 市場は暴落を乗り越えてきた

162ページで、資産の価格が下落しても、積立投資はやめずに続けるべきことを紹介しました。ではもし、つみたてNISAの非課税期間が終わる20年後、あるいはiDeCoの受け取りが始まる60歳時点に暴落があったら、どうすればいいのでしょうか。

**結論からいうと、運用を続けるべきです。**S&P500の推移を約40年分にして表示したのが左上のグラフです。40年の間、確かに市場は歴史的な暴落を何度か経験してきたのは事実です。しかし、**市場はそれを乗り越えてきたのもまた事実なのです。**

### 値を戻すまでじっくり待とう

暴落したら、**運用を続けて、値を戻したところで売るようにすればOK。**つみたてNISAの資産は、20年経過後に課税口座に移され、それ以降の運用益に関しては非課税ではないですが、運用し続けることは可能(2024年からの制度なら非課税期間は無期限)。もちろん、**課税口座に移されたあとで売っても、移される前までの値上がり分は非課税のままです。**

またiDeCoの資産も、現状60歳から75歳までに受け取りを開始するルールです。**75歳まで受け取りを遅らせている間の15年間は運用益非課税**です。

Memo

つみたてNISAの資産が課税口座に移る際、非課税期間終了時の時価で取得したことになります。たとえば、40万円で買った商品が20万円に値下がりして課税口座に移り、30万円に値上がりした場合、値上がりした10万円に課税されます。

## 長期投資で、暴落期間を乗り越える

### S&P500（米国株指標）の長期推移（1980年1月〜2023年4月）

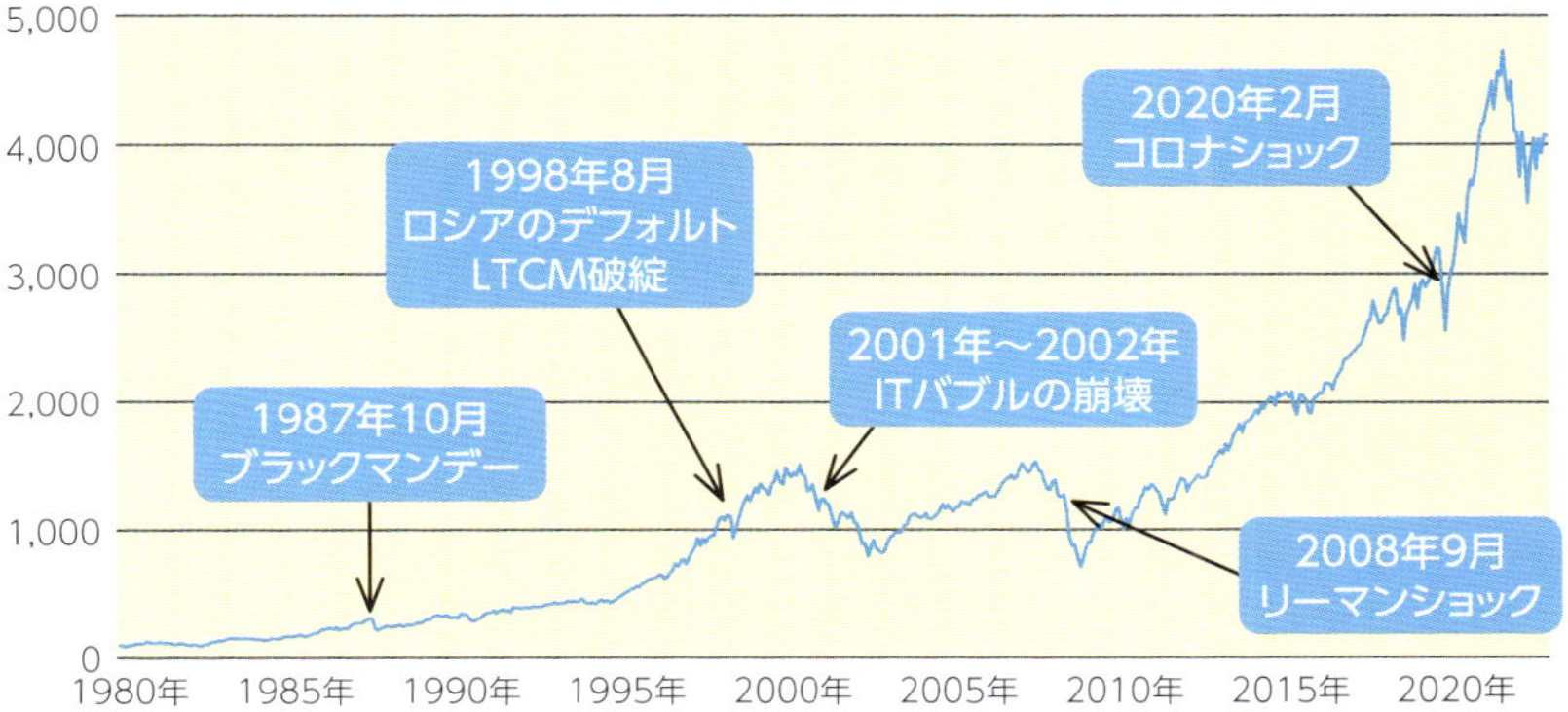


Investing.comのデータをもとに作成

およそ10年に1度は大暴落するタイミングがあります。しかし、そこから数年で立ち直り、暴落前の水準を超えています。

### つみたてNISA・iDeCoの運用期間のイメージ

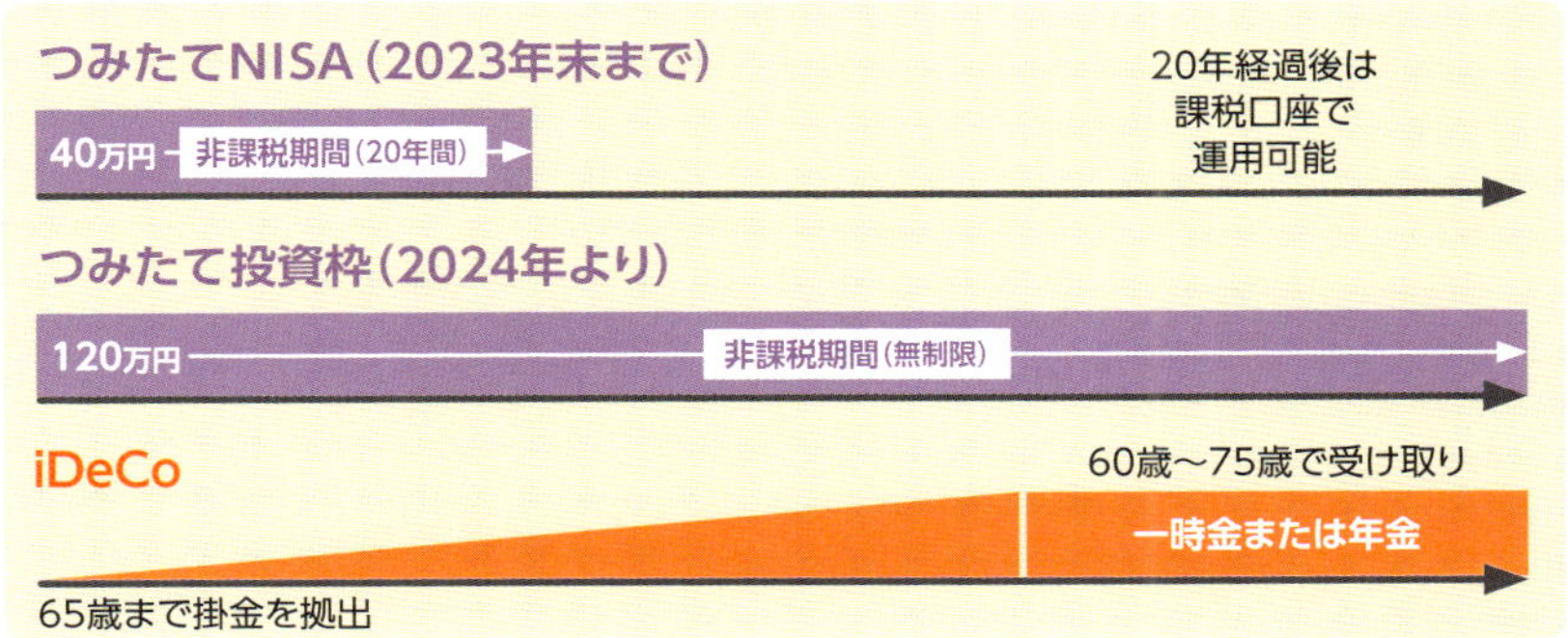


もし受け取りのタイミングで暴落があっても、運用を続けて値を戻したタイミングで受け取りをスタートすればよいでしょう。

Column

## 金融機関の「おすすめ」は危険!

日本では長らく銀行預金が最善の預け先で、コツコツ貯めることこそが美徳とされてきた感があります。そのため、これまで投資をしたことがない人は、つい金融機関のおすすめ商品や「おすすめ商品ランキング」の上位商品を買ってしまうかもしれません。しかし、これこそが金融機関の「罠」なのです。

金融機関に足を運ぶと、誠実そうな営業マン(担当者)が親身に話を聞いてくれます。もちろん無料です。そして、ひとしきり話を聞いたあと、悩みを解決できる(と豪語する)投資信託を勧めてくれます。ここで「なんて優しい人だろう」と思った方は要注意。営業マンはその金融機関の社員ですから、手数料が高い商品や、ノルマを達成するための商品など、自分たちに利益が大きいものを優先的に勧めてくるかもしれないのです。そうした商品をもし買ってしまったら、彼らの思うつぼだというわけです。

また、金融機関に行くとよくある「おすすめ商品ランキング」も同様です。ある銀行の壁に貼り出されている人気ランキングには、おおよそ人には勧められない商品がずらりと並んでいました。いずれも手数料が高く、利益の出しにくいものばかりです。つまり、この人気ランキングは金融機関側が売りたい商品のランキングになっていると思われるのです。そもそもリスクをどのくらいとれるのかは人によって違うのに、大きく貼り出されるのも不思議です。そこにはやはり、集団心理で「人気があるなら大丈夫(買いたい)」という気にさせようとする意図を感じます。

もちろん、内容がよくて、多数の投資家から支持される投資信託もあります。しかし、そうした投資信託は、まず金融機関の窓口で勧められることはないと心得ておくべきでしょう。

そもそも金融機関の「おすすめ」は「自分たち(金融機関)の利益を増やす」意味でのおすすめだとご理解ください。

## おわりに

直近では、コロナショック、ウクライナショックなど大きな暴落が起こっています。暴落時に一番やってはいけないのは「長期積立をやめること」です。慌てて売ったり、積み立てをやめてしまったりすると、その後、価格が戻ってきても損失から回復することができなくなるからです。投資しているお金は、今すぐ必要なお金ではなく、10年・20年と長期にわたって投資することが前提の余裕資金のはず。これから長期積立投資を始める人も、すでに始めている人も、焦ってやめるのではなく、コツコツと続けることが大切です。

　本書は、２０２０年に発売されたものの三訂版です。発売後施行されたｉＤｅＣｏの改正、２０２４年のＮＩＳＡ改正内容を網羅しつつ、読者自身の力で資産形成の実行ができるように丁寧に作り上げました。ですが、なかには、直接アドバイスを受けたい方がいるかもしれません。そんな時に活用していただきたいのが、プロの力です。

　お金は一生を通じてつきあうもの。その時々で必要な知識や手段は変化します。ご自身でも勉強することは必要ですが、必要に応じてプロから適切なアドバイスを受けることができれば、結果も早く出せます。

　毎日の積み重ねが将来を形作ります。今やるか、後でやるか。続けるか、続けないか。最後に筆者が大好きなドイツの文豪ゲーテさんの言葉を贈ります。

　〝願っているだけでは十分ではない、行動せよ。知っているだけでは十分ではない、実行せよ。〟

頼藤　太希（マネーコンサルタント）

高山　一恵（ファイナンシャルプランナー）

投資生活は始まったばかり
―帰り道―
まだまだ投資マスターへの道は長いようだわ…
はぁ…
でもきっと大丈夫ですよ先生たちが味方ですし！
そうだよね！
確かに俺　去年の俺とは全然ちがうもん！
登録者数5人増えたもんね1年間でたった5人…
多分向いてないからやめたほうがいいよ
そっちじゃない！
投資とか…去年までの俺なら絶対なんのことかわからなかった
うん　でもって悲惨な老後を迎えていたと思う
なんてこと言うんですか。
でも始めてみると意外と簡単でした
苦手意識強すぎただよね
将来の不安も少なくなったから前より落ち着いて生活できているし

私は　お金のこと いろいろ考えて 生活するように なりました
わかる！ 無駄なことに お金使うなら 投資に回せる！ とか 思うように なった
やめよう！
2万円
俺も もうちょっと投資額 増やしたいな…
今2万円 なんだけど
でも最初のころよりは 投資額増えたじゃん！
最初は数千円 だったのに…
エライ！
それも きっと成長した証って ことだね！
ふふっ
テレるな
俺 YouTuberとしても 成功して 投資家としても 成功して みせます！
だね
先輩 お腹 すきません？
じゃあ 今日は成長した二人に 先輩がおごってあげよう！
ありがとう ございます！
よーし がんばるぞー
—三人の長い投資生活は まだ始まったばかり—

## 著者紹介

**頼藤 太希**（よりふじ たいき）

株式会社 Money & You 代表取締役。中央大学商学部客員講師。早稲田大学オープンカレッジ講師。慶應義塾大学経済学部卒業後、アメリカンファミリー生命保険会社にて資産運用リスク管理業務に 6 年間従事。2015 年に株式会社 Money & You を創業し、現職へ。『定年後ずっと困らないお金の話』（大和書房）、『マンガと図解 はじめての資産運用』（宝島社）など著書累計 100 万部超。日本証券アナリスト協会検定会員。ファイナンシャルプランナー（AFP）。
Twitter → @yorifujitaiki

**高山 一恵**（たかやま かずえ）

株式会社 Money & You 取締役。慶應義塾大学文学部卒業。2005 年に女性向け FP オフィス、株式会社エフピーウーマンを創業、10 年間取締役を務め退任後、現職へ。講演活動、執筆活動、相談業務を行い、女性の人生に不可欠なお金の知識を伝えている。『11 歳から親子で考えるお金の教科書』（日経 BP）、『マンガと図解でしっかりわかる はじめてのお金の基本』（成美堂出版）など著書累計 100 万部超。ファイナンシャルプランナー（CFP）。1 級 FP 技能士。
Twitter → @takayamakazue

- 編集：有限会社ヴュー企画（山角優子）
- 執筆・編集協力：株式会社 Money & You（畠山憲一）
- デザイン：有限会社アイル企画（酒井好乃・平松剛・谷村凪沙・日笠榛佳・邱美幸）
- マンガ・イラスト：上田惣子
- 企画編集：成美堂出版編集部

**本書に関する正誤等の最新情報は、下記のアドレスで確認することができます。**
**https://www.seibidoshuppan.co.jp/support/**

上記 URL に記載されていない箇所で正誤についてお気づきの場合は、書名・発行日・質問事項・ページ数・氏名・郵便番号・住所・ファクシミリ番号を明記の上、**郵送**または**ファクシミリ**で**成美堂出版**までお問い合わせください。
**※電話でのお問い合わせはお受けできません。**
※本書の正誤に関するご質問以外にはお答えできません。また運用相談などは行っておりません。
※ご質問の到着後、10 日前後に回答を普通郵便またはファクシミリで発送いたします。

本書は資産運用ならびに投資に役立つ情報の提供を目的としたもので、特定の投資行為の推奨を目的としたものではありません。また、本書ならびに執筆者、出版社等が投資結果の責任を持つものではありません。投資およびそのほかの活動の最終判断は、ご自身の責任のもとで行ってください。

はじめてのNISA&iDeCo

2023年 7 月20日発行

共　著　頼《より》藤《ふじ》太《たい》希《き》　高《たか》山《やま》一《かず》恵《え》
発行者　深見公子
発行所　成美堂出版
〒162-8445　東京都新宿区新小川町 1-7
電話(03)5206-8151　FAX(03)5206-8159
印　刷　株式会社フクイン


ISBN978-4-415-33276-5
落丁·乱丁などの不良本はお取り替えします
定価はカバーに表示してあります